畅游世界手指通



# 英国
# 旅游手指通

中◆英◆版

编　　著　寂天语言创作室
英文审订　Andrew Crosthwaite
　　　　　Owain Mckimm

北京·旅游教育出版社

## Personal Information
## 个人资料

| | |
|---|---|
| **Name \| 姓名** | |
| **Date of Birth \| 生日** | |
| **Blood Type \| 血型** | |
| **Mobile Phone \| 手机号码** | |
| **Hotel \| 饭店** | Name（姓名）：<br>Phone number（电话号码）：<br>Address（住址）： |

Please contact ______ for me.
His/Her phone number is ______.

请帮我联络______。
他／她的联络电话是______。

# Contents

## Part 5
## Transportation
## 交通



## Part 6
## Accommodation
## 住宿

## Part 7
## Dining
## 餐饮



## Part 8
## Shopping (1)
## 购物（1）

## Part 9
## Shopping (2)
## 购物（2）



## Part 10
## Sightseeing
## 观光

## Part 11
## Entertainment
## 娱乐



## Part 12
## British Culture
## 英国文化

## Part 13 Chatting 聊天



## Part 14 Daily Life 日常生活



## Part 15 Having Trouble 遇上麻烦

# How to Use This Book 本书使用说明

本书内容以中、英双语呈现，编排顺序为 **英文—中文**。

英国共分为四个区块：

| 构成区块 | 首府 |
| --- | --- |
| 英格兰 England | 伦敦 London |
| 苏格兰 Scotland | 爱丁堡 Edinburgh |
| 威尔斯 Wales | 加的夫 Cardiff |
| 北爱尔兰 Northern Ireland | 贝尔法斯特 Belfast |

# 内文

内文之会话亦以英文、中文呈现

发问者找到自己想问的问题，并且指出英文，被问的一方即便看不懂中文，只需要参考上方的英文，便能得知对方的需要。

Where should I get off for London Bridge ?
请问去 伦敦塔桥 要在哪里下车？

You should get off now.
现在就要下车。

You should get off at the third stop.
在第 三 站下车。

You should get off at Trafalgar Square .
你应该在 特拉法加广场 下车。

Sorry, I don't know.
对不起，我不知道。

Do I need to change buses?
要换车吗？

Yes, you'll need to change buses at Paddington . It's four stops from here.
要，你要在 帕丁顿 换车，还有 四 站。

No, you don't need to.
不用换车。

会话句型皆提供完整范例，使用者可以依据实际需要，替换空格内的词汇。

问句套底色

问句下提供数条可能的答句供被问方使用。答句不套底色。

被问的一方从下列参考答句中，选出适当的回应，并且指出英文；发问者即便看不懂英文，只需要参考下方的中文，便能得到答案。

大量实用的会话句型，使用者可依据实际需要，在空格内填入词汇，或是选用后面提供的参考选项。

先指出问句，接着指出重点词汇，被问的一方将能轻松了解您的需要。

Sweet 甜点

I'll have ____.
我要____。

Yes.
有。

Have you got ____?
你们卖____吗？

No.
没有。

cheese cake
芝士蛋糕

strawberry cake
草莓蛋糕

chocolate cake
巧克力蛋糕

a crème caramel
焦糖布丁

a tiramisu
提拉米苏

a muffin
杯状小松糕／玛芬

会话句型之后提供多个参考选项，供使用者选用。

许多单词和短语皆以照片辅助文字，加速理解。

**Words and Phrases**

提供会话以外更多的实用单词和短语，使用者可以依自己的需要活用，亦可以当作词汇背诵。

**MP3**

本书录有地道英国腔会话 MP3，配合使用强化学习效果。

191

本书大致上采用一页一个音频的录音方式，当页的 MP3 音频序号标示于页面左上方或右上方。

▸ 除“Words and Phrases”部分无录音之外，其余会话内容与参考选项皆有录音。

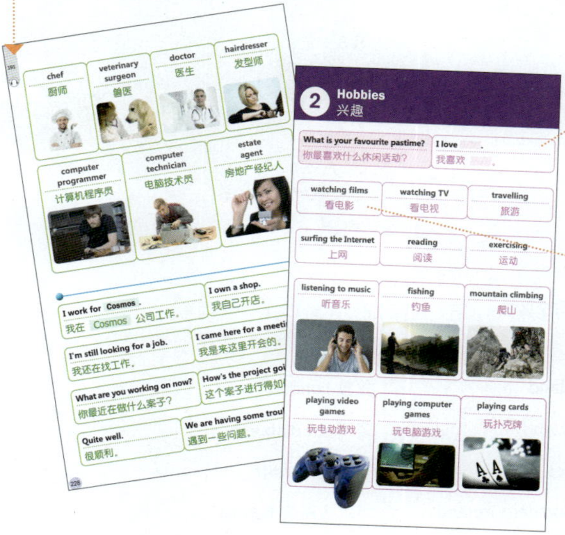


会话后方的替代选项，也会紧接着会话朗读。

遇有空格的句型，录音时将以后面第一个选项填入，例如此处将读为：I love watching movies.
（少数例外会以后面其他选项填入）

# Map of the United Kingdom
# 英国地图

英国共分为四个区块：

| 构成区块 | 首府 |
| --- | --- |
| 英格兰 England | 伦敦 London |
| 苏格兰 Scotland | 爱丁堡 Edinburgh |
| 威尔士 Wales | 加的夫 Cardiff |
| 北爱尔兰 Northern Ireland | 贝尔法斯特 Belfast |

# Preparation—Passport and Visa
# 行前准备——护照与签证

## 1 Passport 护照

### 关于护照

护照是公民出入国境和在国外证明国籍和身份的证件。中华人民共和国护照分为外交护照、公务护照和普通护照。普通护照又分因公普通护照和因私普通护照。外交护照、公务护照和因公普通护照统称“因公护照”，因私普通护照俗称“因私护照”。

外交护照、公务护照和因公普通护照有效期最长不超过 5 年；因私普通护照申请人未满 16 周岁的签发 5 年期护照，16 周岁以上（含）的签发 10 年期护照，期满后换发新照。

截至 2015 年 6 月 25 日，已经有 36 个国家或地区单方面给予中国公民落地签证便利，11 个国家和地区单方面允许中国公民免签入境。

| | |
|---|---|
| Exit & Entry Administration Ministry of Public Security | 公安部出入境管理局 |
| Diplomatic Passport | 外交护照 |
| Passport for Public Affairs | 因公普通护照 |
| Service Passport | 公务护照 |
| passport | 护照 |
| Passport No. | 护照号 |
| nationality | 国籍 |
| Surname | 姓 |
| Given name | 名 |
| Sex | 性别 |
| Male | 男 |
| Female | 女 |
| Place of birth | 出生地点 |
| Date of birth | 出生日期 |
| Place of issue | 签发地点 |
| Date of issue | 签发日期 |
| Date of issue | 有效期至 |
| Authority | 签发机关 |

## 如何办理护照？

要申办中华人民共和国护照，需要携带本人户口簿（集体户口提供户口卡，户口簿需复印首页和本人资料页，有变更项目的需复印变更页）、身份证的原件和复印件（A4 规格），到所在地市的公安局出入境管理处或分（县）局出入境接待大厅提交申请，并回答有关询问。

目前在北京等地已开通网上预约服务，如在北京可通过北京市公安局出入境管理网上办事大厅（http://www.bjgaj.gov.cn/jjcrj/index.jsp）办理申办出入境证件预约手续，以节省办理时间。目前首次办理护照每本收费 200 元。

## 护照办理需准备哪些材料？

（1）申请人六个月内正面免冠半身彩色照片（二寸光面相纸，白色、淡蓝色或灰色背景）一张（注：目前有些出入境证件办理处提供照相服务，可在去之前咨询）。

（2）户口簿、居民身份证（居民身份证在领取、换领、补领期间应提交临时居民身份证）的原件及复印件（A4 纸）。

（3）填写完整的《中国公民出入境证件申请表》（此表目前既可从各地公安局官方网站下载电子版然后手工填写，或在网络预约时直接填写并打印，也可到接待大厅咨询台领取纸质表格填写，或在接待大厅自助填表机打印申请表）。

（4）属于登记备案的国家工作人员，应当提交本人所属工作单位或者上级主管单位按照人事管理权限审批后出具的同意出境的证明。

（5）部队驻地在京的现役军人、武警、军队离退休人员需出示军官证和部队军以上政治部门出具的出国（境）任务审查批件及复印件。另外，此人群也暂不能进行网上预申请。

（6）未满 16 周岁的未成年人，除应交验身份证和户口簿原件并提交复印件，还应当由其监护人陪同，提交证明监护关系的相关证件和监护人出具的同意出境的意见，同时交验监护人的身份证和户口簿并提交复印件。

### 护照多长时间可以办好？

一般情况下，北京市户籍居民办理出入境证件的时限为 10 个工作日；通过网上预申请的办理时限为 8 个工作日；非北京市户籍居民办证时限为 30 日内（具体日期以《受理中国公民出入境证件申请回执单》上的取证日期为准）。取证时限以递交申请后第二个工作日开始计算。

申请人可办理 EMS 邮政速递，要求将护照寄送到指定的地址；未办理邮政速递证件的申请人，按预约取证日期携带本人二代居民身份证原件和《受理中国公民出入境证件申请回执单》，前往受理申请的出入境接待大厅领取证件。因故不能本人领取的，代取人须携带上述回执单和双方二代居民身份证原件登记后领取（劳务派遣等批量办理的证件除外）。特别提示：自 2014 年 12 月 18 日起，在北京办理的出入境证件可通过出入境接待大厅的自助发证机领取。

为方便申请人领取出入境证件，北京市自 2013 年 12 月 16 日起试行为部分申请人提供免费速递送证上门服务。目前享受免费速递送证上门服务的人员范围是：60 周岁以上及 16 周岁以下申请人；持残联颁发的残疾证的申请人；通过互联网预约办理出入境证件的申请人。办理原则为符合条件的申请人自愿选择。

申请免费速递服务的办理方式：

（1）通过互联网预约办理出入境证件的申请人：登录北京市公安局出入境管理网上办事大厅（http://www.bjgaj.gov.cn/idn/index.jsp），在预约办证时按照提示填写速递信息。

（2）60 周岁以上、16 周岁以下人员和残障人士在出入境接待大厅现场受理时出示身份证或残疾证，经窗口工作人员审核后，办理免费速递送证上门服务手续。

免费速递工作由中国邮政 EMS 公司承担，投递区域为北京市行政区域内。

领取后，请仔细核对证件内容，发现差错，及时更正。

### 特别提示

（1）自 2014 年 4 月 1 日起，申请出入境证件填表简化，申请办理普通护照、往来港澳通行证和签注、往来台湾通行证和签注时，实行“三表合一”。即，原来的三种申请表被简化合并为《中国公民出入境证件申请表》，申请人可以填写一张申请表办理三类证件及签注。

（2） 在北京工作且连续缴纳一年以上社会保险（须缴纳医疗保险、养老保险、工伤保险、失业保险、生育险五类保险）的外省市户籍人员（从申请月的上一个月开始连续往前推算不短于 12 个月，不能断缴，可在京提交普通护照申请（包括首次申请、换补发证件、证件失效重新申请）。

# 2 Visa 签证

护照是持有者的国籍和身份证明，签证则是主权国家准许外国公民或者本国公民出入境或者经过国境的许可证明。

签证一般都签注在护照上，也有的签注在代替护照的其他旅行证件上，有的还颁发另纸签证。签证一般来说须与护照同时使用，方有效力。

一般来讲，在开始申请签证之前，您需要了解目的地国的签证种类，然后根据自己的出行目的确定将要申请的签证类型，再根据相关流程去办理就可以了。

## 英国签证的种类

英国签证种类繁多，针对不同的访问目的有不同的签证选择，其所对应的申请要求也各有不同，且英国移民总署每年都会针对不同的签证种类进行更新与调整。因此，及时了解签证信息对做好留学及旅游准备十分重要。出行前，可登录英国政府官方网站的“英国签证与移民”模块（https://www.gov.uk/government/organisations/uk-visas-and-immigration）、威孚（VFS Global）网站（http://www.vfsglobal.co.uk/china/how_to_apply.html）及伦敦城市中文官网（http://london.cn/study/visa/）等来查询相关签证最新信息。

目前根据前往英国的目的划分，签证可分为三大类：学习类签证、工作类签证和标准访问者签证。

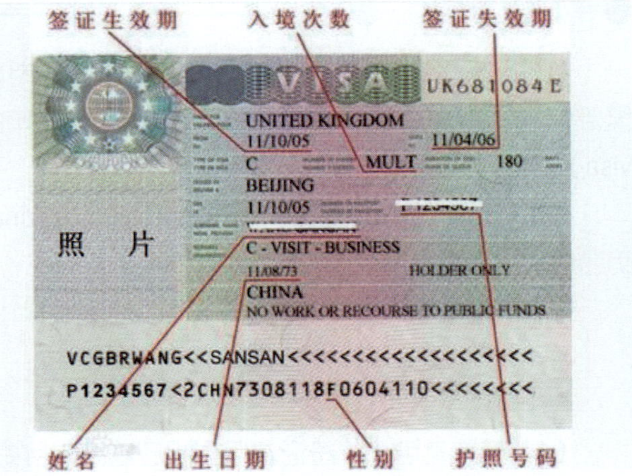


**学习类签证（Study Visa）：** 在英国就读短期英语课程、英语语言课程以及各种学位课程均需要获得不同种类的学生签证。学生签证目前有三种：Tier 4 普通学生签证（Tier 4 General student visa）、Tier 4 儿童学生签证 (Tier 4 Child student visa) 和学生访问签证（Student visitor visa）。

**工作类签证（Work Visa）：** 英国目前提供的毕业生工作签证有三种：T1 毕业生创业签证（Tier 1 Graduate entrepreneur visa）、T2 工作签证（Tier 2 General Visa）以及 2014 年新增的 T5 国际学生实习工作签证（International Student Internship Scheme）。工作类签证还有针对非学生的其他类型签证，详情可登录前述网站进行查询。

**普通访问者签证（Standard Visitor Visas）：** 此类型签证取代了以往的多达 9 种签证，不管你是因为探亲、旅游度假，还是因为参加体育或商务活动，抑或是为了就医等，都可申请此类型签证。

| | |
|---|---|
| **Visa** | 签证 |
| **Standard Visitor Visa** | 普通访问者签证 |
| **Biometric Enrolment** | 指纹录入 |
| **Work Visa** | 工作签证 |
| **Study Visa** | 学习签证 |
| **UK Visa Application Centre** | 英国签证申请中心 |

## 在英最长停留时间

普通访客签证有效期为 6 个月，签证有效期内可以多次往返英国。频繁赴英的访客可申请有效期为 2 年、5 年或 10 年的任意行签证（long-term visa）。

指定目的地旅行计划（ADS—Approved Destination Status Agreement）访客最长可在英国停留 30 天。

如赴英接受私人医疗救治，最长可以停留 11 个月。

学者赴英从事研究，最长可以停留 12 个月。

需注意：

（1）有效期越长，签证费用也相应越高。且如果申请被拒签，或者获得的长期访问签证有效期短于申请人所申请的时长，申请费用不予退还。

（2）如果申请赴英停留超过 6 个月，申请人将获得有效期 30 天的临时签证页，然后申请人可持该签证页前往英国在指定邮局领取“生物信息卡（biometric residence permit）”（2015 年 4 月 15 日开始施行）。生物信息卡将显示持卡人获得签证的完整有效期，是持卡人在英国工作、学习和使用公共服务的凭证。

## 办理英国签证的流程

### （1）在线申请、付费预约

访问英国签证在线申请官网（www.gov.uk/apply-uk-visa），在线填写并提交签证申请表，打印填写完成的申请表并本人签名。

完成在线申请流程后，将收到一封包含有申请号码（即“GWF 参考号码”）的电子邮件。

→

使用人民币通过维萨（VISA）或万事达（MasterCard）信用卡或者借记卡，在线支付医疗附加费（如适用）和签证申请费。完成在线支付后，将收到来自付款提供商 WorldPay 的确认电子邮件。

↓

在线预约前往签证申请中心的日期和时间，预约日期必须在完成提交在线申请表之后的 90 天内，一般会提供 5 个工作日内的预约日期可选择。中国目前有 12 家签证中心可供选择：北京、上海、杭州、南京、武汉、沈阳、济南、重庆、成都、广州、深圳、福州。需注意：所有申请人都必须提前预约。未预约申请人将不再被接受。

### （2）准备签证材料

申请不同的签证，要求准备的详细资料也有所不同，可查询“在中国申请英国签证 - 资格 & 材料”网页（https://www.gov.uk/government/publications/apply-for-a-uk-visa-in-china/1126806#section-15）来做准备。

常规需准备的材料如下：

a. 有效的旅行文件或护照，其中必须包含至少一页双面都是空白面的页面；

b. 签证申请表打印件（申请人要亲笔签名）及面签预约单；

c. 一张近期护照照片尺寸的彩色照片（45 毫米高，35 毫米宽）；

d. 身份证、户口本原件及复印件；

e. 英文行程计划书一份：

如果申请人是通过旅行中介安排行程，要将行程印在带有该中介抬头的稿纸上；如果不是用中介，则要提供入住的酒店名称并附上酒店预订确认信。

f. 工作情况证明（需要提供英文版）：

- 如果受雇，需要提供雇主用公司抬头纸出具的证明信原件，应包括申请人职位、薪资、 任职时间、公司详细联系方式以及公司注册号；
- 如果是个体经营者，需提供商业登记文件复印件；
- 如果是学生，需提供就读学校用学校抬头纸出具的证明信原件，证明就读情况和请假相关详细信息。
- 如果未工作，需提供旅行资助人出具的文件或解释旅行资金来源的说明信。

g. 邀请函原件；

h. 财力证明：

显示申请人有足资金支付行程费用，比如可以显示过去四个月收入和存款信息的银行流水或者其他独立可验证的能证明财务状况的文件（如：存折、存款证明、个体经营者可提供业务对账单），需提供原件。

### （3）前往签证申请中心

于预约日期携带所有申请材料亲自前往签证申请中心，提交申请材料和生物识别信息，选择取回材料的方式。

签证中心—预检

在前台进行预检（核实护照信息、预约日期）。

特别提醒：申请人需本人前往办理，18 周岁以下 65 周岁以上的允许一名陪同协助办理。

签证中心—等待

申请者在经过预检和安检后，可在受理大厅等待受理。叫号系统会自动通告申请者受理窗口。

签证中心—审核

受理中心检查递交材料，收取相关费用（签证费网上支付）。

签证中心—指纹采集、照相

材料审核通过后，按提示进行指纹采集和照相，完成流程。

选择获取签证的方式

可选择付费快递或亲自到大使馆领取。

如选择亲自取回护照，威孚（VFS Global）将发电子邮件通知领取材料的时间。领取时需要携带收据。如请他人代领，代领人需出示申请人签名的委托书、收据及代领人本人的身份证明。

等待出签

非移民签证通常 15 个工作日内出签（2013 年英国领馆通过标准化服务平均 7 个工作日出签，或等候面试通知）。

如被拒签将收到拒签信，拒签信会列明申请人被拒签的理由，说明上诉权。

## 其他提示

（1）生物识别信息

除非受到特别豁免，每次申请签证，申请人都必须亲自前往签证申请中心，提交生物识别信息（指纹扫描和面部照片）。

16 岁以下的申请人在登记生物识别信息时，必须有一位成年人陪同。该成年人不可以是签证中心的工作人员。

5 岁以下的申请人在登记生物识别信息时，只需要拍摄面部照片，不需要采集指纹。

如果申请人不受移民管制限制，则不需要提交生物信息，比如前往英国赴任的外交官。

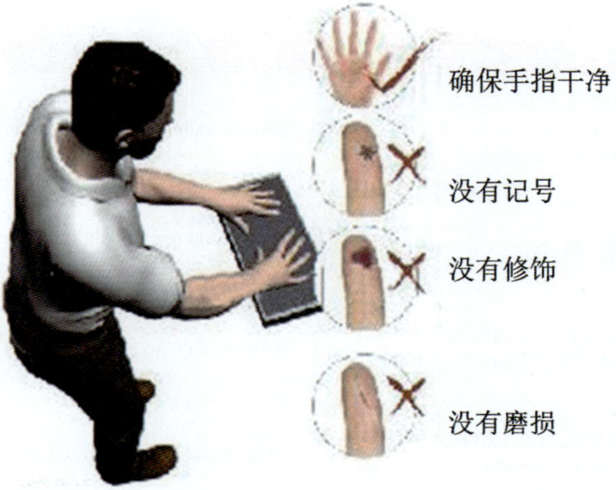


指纹扫描

（2）签证审理时间

| 服　务 | 目标审理时间 |
| --- | --- |
| 非定居类申请标准服务 | 15 个工作日 |
| 定居类申请标准服务 | 12 周 |
| 英速签服务 * | 3 ~ 5 个工作日 |
| 24 小时超级优先服务 * | 24 小时（1 个工作日） |

* 优先签证服务需要额外收费（600 英镑）且有使用资格要求。

（3）自 2014 年秋季起，英国和爱尔兰签证互通，中国游客持单一签证可访问两个国家。无论是持有爱尔兰访问签证，还是英国的访问签证，都可以自由通行英国和爱尔兰。

（4）自 2015 年 7 月 1 日起，根据全新的“英国—比利时访客”服务，中国公民只要前往北京、广州或上海的英国签证申请中心，一次提交两国的签证申请并缴费，然后预约一个签证时间，就能同时申请英国签证和欧洲申根国家签证（因为比利时属于 26 个申根签证成员国之一）。此项服务面向所有赴英旅游或出差的普通访客、儿童访客、ADS 旅行团以及以比利时为主要目的地的比利时申根访客。

## 英国签证申请中心地址

| 序号 | 城市 | 地址 | 电子邮箱 | 工作时间 |
|---|---|---|---|---|
| 1 | 北京 | 北京市东城区东水井胡同5号，北京 Inn，2号楼A座，9层A区，A901至919室，100010 | infopek.ukcn@vfshelpline.com | 7:30 ~14:30 |
| 2 | 武汉 | 武汉市徐东路凯旋门广场A座1502，430063 | infopek.ukcn@vfshelpline.com | 8:00 ~ 15:00 |
| 3 | 沈阳 | 沈阳市沈河区团结路7-1号楼(华府天地1号楼)23层6室，110013 | infopek.ukcn@vfshelpline.com | 8:00 ~ 15:00 |
| 4 | 济南 | 济南市泉城路180号齐鲁国际大厦B10-15室，250011 | infopek.ukcn@vfshelpline.com | 8:00 ~ 15:00 |
| 5 | 重庆 | 重庆市渝中区青年路77号J.W.万豪酒店国贸中心3楼3U-7， 400010 | infockg.ukcn@vfshelpline.com | 8:00 ~ 15:00 |
| 6 | 成都 | 成都市青羊区顺成大街308号冠城广场16楼C2单元，610017 | infockg.ukcn@vfshelpline.com | 8:00 ~ 15:00 |
| 7 | 上海 | 上海市黄浦区徐家汇路555 号广东发展银行大厦1 楼，200023 | infosha.ukcn@vfshelpline.com | 8:00 ~ 15:00 |
| 8 | 杭州 | 杭州市下城区凤起路334 号同方财富大厦 503室，310003 | infosha.ukcn@vfshelpline.com | 8:00 ~ 15:00 |
| 9 | 南京 | 南京市中山东路18号南京国际贸易中心11层C4，210005 | infosha.ukcn@vfshelpline.com | 8:00 ~ 15:00 |
| 10 | 广州 | 广州市天河区体育西路189 号城建广场215 室，510620 | infocan.ukcn@vfshelpline.com | 8:00 ~ 15:00 |
| 11 | 深圳 | 深圳市福田区福华一路138号国际商会大厦A座二楼06-07 室，518048 | infocan.ukcn@vfshelpline.com | 8:00 ~ 15:00 |
| 12 | 福州 | 福州市鼓楼区五一中路18号正大广场御景台20层，350001 | infocan.ukcn@vfshelpline.com | 8:00 ~ 15:00 |

（说明：鉴于相关信息时有变动，请以官方最新公告为准。）

Part 1

# Basic Terms
# 基本用语

## 1 Numbers and Units 数字与单位

001

### Cardinal Numbers 基数

| | | | | | |
|---|---|---|---|---|---|
| 1 | 11 | 10 | 100 | 1,000 | 0 |
| 2 | 12 | 20 | 200 | 2,000 | |
| 3 | 13 | 30 | 300 | 3,000 | · |
| 4 | 14 | 40 | 400 | 4,000 | + |
| 5 | 15 | 50 | 500 | 5,000 | |
| 6 | 16 | 60 | 600 | 6,000 | − |
| 7 | 17 | 70 | 700 | 7,000 | × |
| 8 | 18 | 80 | 800 | 8,000 | |
| 9 | 19 | 90 | 900 | 9,000 | ÷ |

| hundred | thousand | ten thousand | million |
|---|---|---|---|
| 百 | 千 | 万 | 百万 |

· 在英文里，“十万”表示为 hundred thousand；“千万”表示为 ten million。

## Ordinal Numbers 序数

| | | | | |
|---|---|---|---|---|
| first<br>第一 | second<br>第二 | third<br>第三 | fourth<br>第四 | fifth<br>第五 |
| sixth<br>第六 | seventh<br>第七 | eighth<br>第八 | ninth<br>第九 | tenth<br>第十 |

## Units of Length and Area 长度与面积单位

| | | | |
|---|---|---|---|
| **mm** (millimetre)<br>毫米 | **cm** (centimetre)<br>厘米 | **m** (metre)<br>米 | **km** (kilometre)<br>千米（公里） |
| inch<br>英寸 | foot<br>英尺 | mile<br>英里 | square<br>平方 |

## Units of Volume and Weight 容量与重量单位

| | | | |
|---|---|---|---|
| ml (millilitre)<br>毫升 | l (litre)<br>升 | ounce<br>盎司 | pound<br>磅 |
| mg (milligram)<br>毫克 | g (gram)<br>克 | kg (kilogram)<br>千克（公斤） | *jin* (=500 g)<br>（市）斤 |

### 英国常用单位对照

| | | |
|---|---|---|
| 长度距离 | 英寸 Inch | 1 inch = 2.54 cm |
| | 英尺 Foot | 1 foot = 30.48 cm |
| | 码 Yard | 1 yard = 0.9144 m |
| 重量 | 盎司 Ounce | 1 ounce ≒ 28 g |
| | 磅 Pound | 1 pound ≒ 450 g |
| 容量 | 夸脱 Quart | 1 quart = 1.136 ml |
| | 加仑 Gallon | 1 gallon = 4.546 ml |

# 2 Time 时间

## Asking for the Time 询问时间

**What time is it?**
现在几点?

**Let me show you.**
我秀给你看。

**I don't know.**
我不知道。

**It's nine o'clock.**
现在是九点钟。

**It's ______.**
现在是______。

| morning | noon | afternoon |
|---|---|---|
| 早上 | 中午 | 下午 |

Words and Phrases 单词和短语

| second | minute | hour | quarter |
|---|---|---|---|
| 秒 | 分 | 小时 | 15 分钟 |

| in the morning | in the afternoon | in the evening |
|---|---|---|
| 在早上 | 在下午 | 在晚上 |

| at noon | at night | in the daytime | half an hour |
|---|---|---|---|
| 在中午 | 在晚上 | 在白天 | 半小时 |

| early | late | right now | ago |
|---|---|---|---|
| 早的；早 | 迟的；晚 | 现在 | 之前 |

| half a day | a whole day | time difference |
|---|---|---|
| 半天 | 全天 | 时差 |

| It's about time. | Time is up. | I don't have time. |
|---|---|---|
| 时间差不多了。 | 时间到了。 | 我没时间。 |

| At ____. | six o'clock | half past seven |
|---|---|---|
| 在____。 | 6 点 | 7 点半 |

| evening | night | midnight |
|---|---|---|
| 傍晚 | 夜晚 | 午夜 |

| About/Around ______. | seven p.m. | eleven a.m. |
|---|---|---|
| 大约______。 | 晚上 7 点 | 早上 11 点 |

| In ______. | five minutes | one and a half hours |
|---|---|---|
| ______后。 | 5 分钟 | 一个半小时 |

中国与英国时间换算（英国的夏时制从 3 月的最后一个星期日开始，结束时间是 10 月的最后一个星期日。）

| | |
|---|---|
| 4 月至 10 月（夏令时间） | 中国时间减 7 小时 |
| 11 月至 3 月（冬令时间） | 中国时间减 8 小时 |

# 3 Months, Dates and Days 月份、日期与星期

004

## Words and Phrases 单词与短语

| date | year | month | day | week | weekend |
|---|---|---|---|---|---|
| 日期 | 年 | 月 | 日 | 周 | 周末 |

| today | tomorrow | yesterday |
|---|---|---|
| 今天 | 明天 | 昨天 |

| the day before yesterday | the day after tomorrow |
|---|---|
| 前天 | 后天 |

| last year | this year | next year | ___ year(s) ago |
|---|---|---|---|
| 去年 | 今年 | 明年 | ___ 年前 |

| last month | this month | next month | ___ month(s) ago |
|---|---|---|---|
| 上个月 | 这个月 | 下个月 | ___ 个月前 |

| last weekend | this weekend | next weekend |
|---|---|---|
| 上个周末 | 这个周末 | 下个周末 |

| weekday | holiday | national holiday |
|---|---|---|
| 平日 | 假日 | 国家法定假日 |

## Talking About the Date 谈论日期

What is the date today?
今天是几号？

Today is the 14th of January .
今天是 1 月 14 日 。

| January<br>一月 | February<br>二月 | March<br>三月 | April<br>四月 | May<br>五月 | June<br>六月 | July<br>七月 |
|---|---|---|---|---|---|---|

| August<br>八月 | September<br>九月 | October<br>十月 | November<br>十一月 | December<br>十二月 |
|---|---|---|---|---|

| | | | | | |
|---|---|---|---|---|---|
| 1 | 2 | 3 | 4 | 5 | 6 |
| 7 | 8 | 9 | 10 | 11 | 12 |
| 13 | 14 | 15 | 16 | 17 | 18 |
| 19 | 20 | 21 | 22 | 23 | 24 |
| 25 | 26 | 27 | 28 | 29 | 30 |
| 31 | | | | | |

My flight is on the 21st of October .
我的航班是在 10 月 21 日 。

## Talking About Days in a Week 谈论星期几

| | | |
|---|---|---|
| **What day is today?**<br>今天是星期几？ | **Today is ____.**<br>今天是____。 | **Sunday**<br>星期日 |
| **Monday**<br>星期一 | **Tuesday**<br>星期二 | **Wednesday**<br>星期三 |
| **Thursday**<br>星期四 | **Friday**<br>星期五 | **Saturday**<br>星期六 |

**What day do you plan to leave?**
你预计哪一天出发？

**Tomorrow.**
明天。

**Within the week.**
这个星期内。

**Let me write it down for you.**
我写给你看。

**I am staying here for two (more) days/weeks.**
我会在这里（再）待两天 / 周。

**I am leaving for home in three days.**
我再过三天就要回国了。

# 4 Movements 动作

## Movements of One's Hands 手部动作

**touch**
触摸

**hug**
拥抱

**write**
写

**give**
给

**take**
拿

**shake hands**
握手

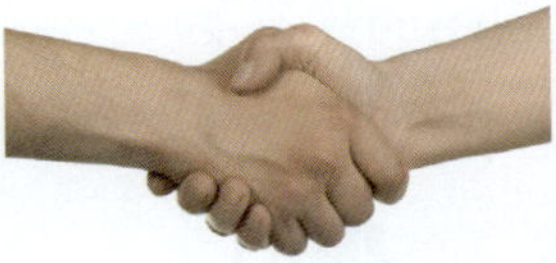

**high five**
击掌

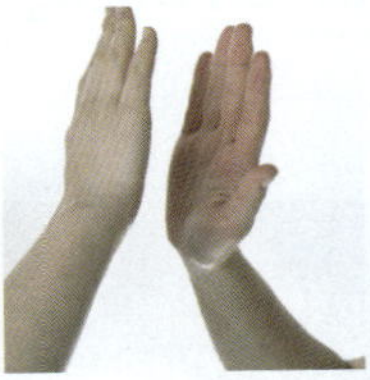

**put down**
放下

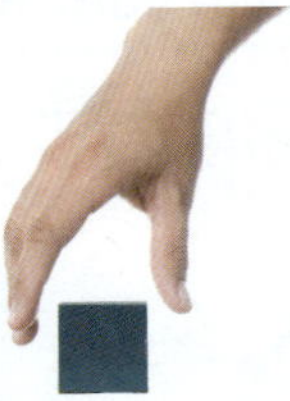

**cut**
切 / 割

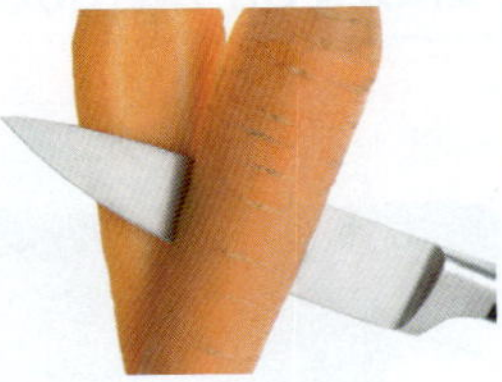

**push**

推

**pull**

拉

**wave**

挥手

**squeeze**

挤；压

**twist**

拧；扭

**knead**

揉；捏

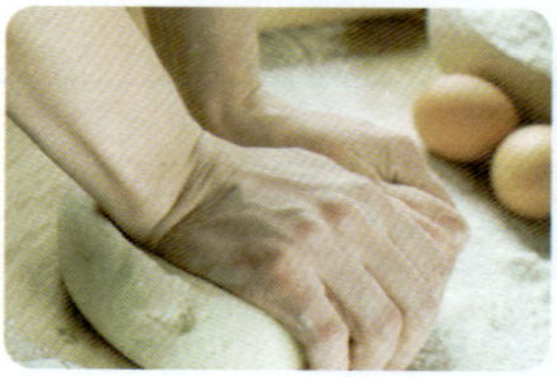

**hold**

握

**pass**

递

**raise your hand**

举手

**knock on the door**

敲门

**wash your hands**

洗手

**turn on the light**

开灯

| | |
|---|---|
| **Please open the ______.** | 请打开______。 |
| **Please close the ______.** | 请关上______。 |

**door**
门

**window**
窗户

## Movements of One's Feet 腿部动作

**sit down**
坐下

**stand up**
站起来

**walk**
走

**run**
跑

**jump**
跳

**crouch down**
蹲下

**run faster**
跑快一点

**jump higher**
跳高一点

**turn around**
转身

**spin**
旋转

**kick**
踢

**lift your legs**
抬腿

009

## Other Movements 其他动作

**look**
看

**listen**
听

**hear**
听到

**see**
看到

**eat**
吃

**drink**
喝

**stop**
停

**sing**
唱歌

**I need a break.**
我要休息一下。

**Take a breath.**
喘口气。

**Look out!**
小心!

**Lie down.**
躺下来。

**Keep going.**
继续。

**Don't move.**
不要动。

# 5 Directions 方向

| Go ____. ____。 | straight 直走 |
|---|---|

It's on your ____. 在你的 ____ 边。

**upstairs** 上楼

**downstairs** 下楼

Turn ____. ____ 转。

| left | right |
|---|---|
| 左 | 右 |

It's on the ____ floor. 在 ____ 楼。

| first | second | eighth |
|---|---|---|
| 二 | 三 | 九 |

英国的电梯称为 lift，英式用法的楼层和美式不同：ground floor 是指 1 楼，通常以 G 表示；first floor 是指 2 楼。

| | 一楼 | 二楼 |
|---|---|---|
| 英式 | the ground floor | the first floor |
| 美式 | the first floor | the second floor |

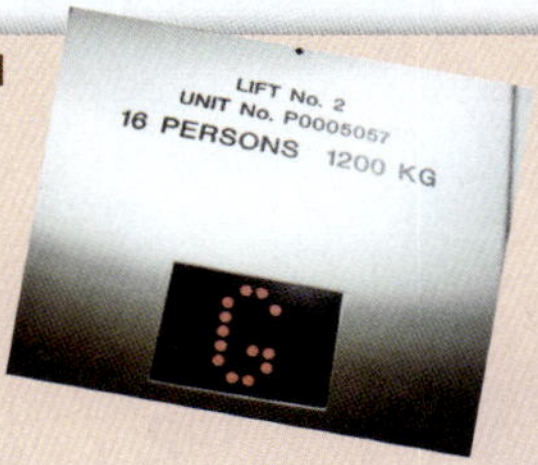


It's on the ____ level of the basement. 在地下 ____ 层。

| first | second | third |
|---|---|---|
| 一 | 二 | 三 |

Ordinal Numbers | 序数 p. 22

## Words and Phrases 单词与短语

| | |
|---|---|
| front | 前面 |
| back | 后面 |
| inside | 在里面 |
| outside | 在外面 |
| centre | 中央 |
| near | 很近 |
| far | 很远 |
| opposite | 对面 |
| here | 这里 |
| there | 那里 |

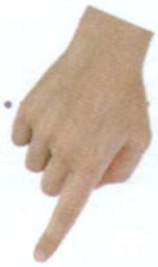

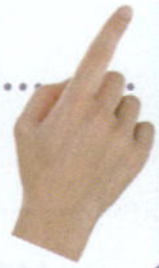

| | |
|---|---|
| up | 往上 |
| down | 往下 |
| behind | 在……后面 |
| in front of | 在……前面 |

| | |
|---|---|
| next to | 在……隔壁 |
| on your right side | 在你的右边 |
| at the corner of | 在……拐角 |
| on your left side | 在你的左边 |

| | |
|---|---|
| top | 顶部 |
| bottom | 底部 |

north 北

northwest 西北

northeast 东北

west 西

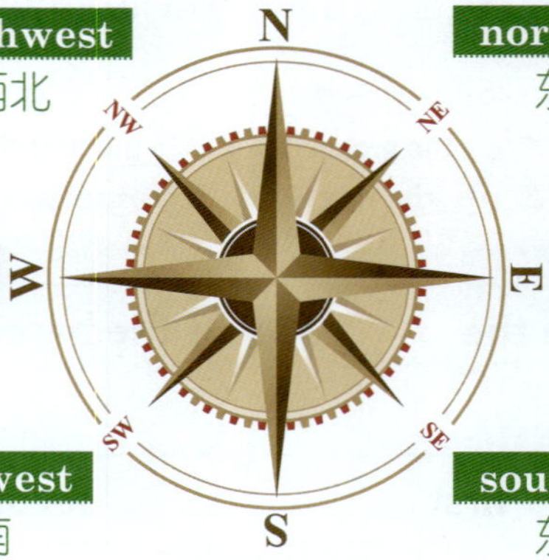


east 东

southwest 西南

southeast 东南

south 南

Part 2

# Basic Expressions
# 基本会话

## 1 Greetings 招呼语

Greetings 招呼语

011

| | |
|---|---|
| **Hiya.** | 嗨 / 你好。 |
| **Good morning.** | 早上好 / 早安。 |
| **Good afternoon.** | 下午好 / 你好。（下午见面时的招呼语） |
| **Good evening.** | 晚上好 / 你好。（晚上见面时的招呼语） |
| **Good night.** | 晚安。（睡前用语） |

**How are you?**
你好吗？

| | |
|---|---|
| **I'm fine. Thank you.** | 我很好，谢谢你。 |
| **Great.** | 好极了。 |
| **I'm okay.** | 还好。 |
| **Can't complain.** | 还不错。 |
| **Not so good.** | 不太好。 |
| **I feel awful.** | 很糟。 |

- 和不熟的人见面时，握手就好，不用拥抱。英国人见面时会聊天气，千万别去问薪水、婚姻等私人问题。

**Nice to meet you.**
很高兴认识你。

**I've heard so much about you.**
久仰大名。

**I've been wanting to meet you for a long time.**
我一直很想认识你。

**Long time no see.**
好久不见。

**Good to see you again.**
很高兴再次见面了。

## Saying Good-Bye 道别

**I've got to go now.**
我得走了。

**Bye!**
再见。

**Take care.**
保重。

**Good luck.**
祝你好运。

**Keep in touch.**
保持联络。

**Have a nice ______.**
祝你有美好的______。

**day**
一天

**weekend**
周末

**holiday**
假期

013

**My name is Sam.**
我叫山姆。

**I'm from China.**
我从中国来。

**What's your name?**
我该怎么称呼你?

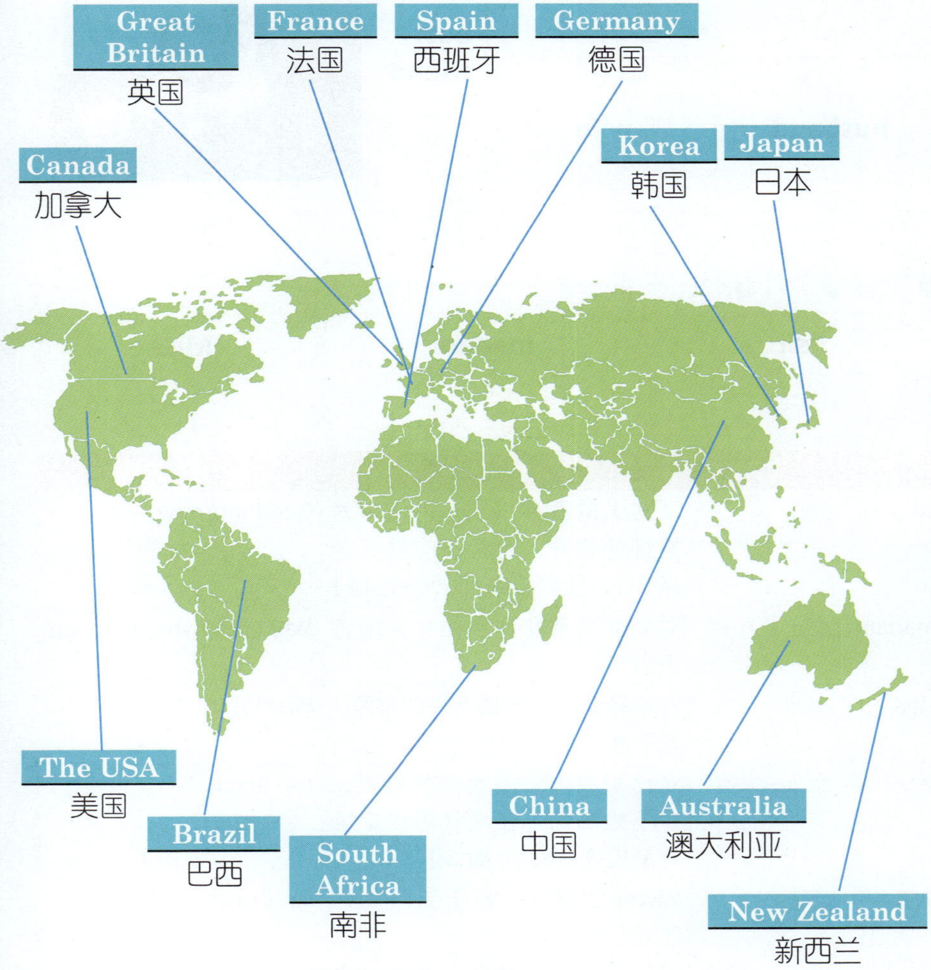

**He/She is my ______.**

他 / 她是我的______。

| | | | |
|---|---|---|---|
| **father** 爸爸 | **mother** 妈妈 | **brother** 兄弟 | **sister** 姐妹 |
| **boyfriend** 男朋友 | **girlfriend** 女朋友 | **best friend** 好朋友 | |
| **husband** 丈夫 | **wife** 妻子 | | |

## Titles 称谓

| | | |
|---|---|---|
| **sir** 先生 | **madam** 女士 | **Miss** 小姐 |

| 英文 | 中文 | 说明 | 用法 |
|---|---|---|---|
| sir | 先生 | 下对上的尊称，或是书信中对男性的称呼，通常不与姓名连用（在美国口语中 sir 不分性别） | Good morning, sir. |
| madam | 女士；小姐 | 对妇女的尊称，已婚、未婚皆适用 | May I help you, madam? |
| Miss | 小姐 | 对年轻女子或未婚女性的称呼，置于姓名前 | Miss White |
| Ms. | 女士；小姐 | 对已婚或未婚的女性的称呼，置于姓名前（在现代英语中常用来代替 Miss 和 Mrs.） | Ms. Black |
| Mr. | 先生 | Mister 的缩写，用于男士的姓名或职务之前 | Mr. Brown |
| Mrs. | 夫人；太太 | 对已婚妇女的尊称，通常与夫姓连用 | Mrs. Green |

# 2 Basic Expressions 基本会话

| | |
|---|---|
| **Thank you.**<br>谢谢。 | **Excuse me.**<br>不好意思。 |
| **I'm sorry.**<br>对不起。 | **It's okay.**<br>没关系。 |
| **You are welcome.**<br>不客气。 | **My pleasure.**<br>这是我的荣幸。 |
| **That's very nice of you.**<br>你人真好。 | |

**"I'm sorry"** 是对别人"表达歉意"的说法，例如：

- I'm sorry I'm late.
  抱歉，我迟到了。

**"Excuse me"** 是"预先请求他人谅解的发语词"，例如：

- Excuse me, I've got to leave now.
  不好意思，我得离开了。

| **I don't speak ____.**<br>我不会说 ____。 | Russian<br>俄语 | Chinese<br>汉语 | English<br>英语 |
|---|---|---|---|

| Japanese | Korean | French | Spanish | Italian |
|---|---|---|---|---|
| 日语 | 韩语 | 法语 | 西班牙语 | 意大利语 |

| Chinese 中国话；中文；汉语 | |
|---|---|
| Traditional Chinese 繁体中文 | Simplified Chinese 简体中文 |
| Mandarin/Standard Chinese 普通话 | |
| Cantonese 广东话 / 粤语 | Hakka 客家话 |
| Hokkien 闽南话 | Taiwanese 台湾话（台湾地区讲的闽南话） |

**Could you please speak more slowly?**
你可以讲慢一点吗?

**Could you please write it down?**
你可以写下来吗?

**Pardon? What did you say?**
对不起，你刚才说什么?

**I don't know.**
我不知道。

**I know.**
我知道。

**Yes.**
是。

**I see.**
我了解了。

**I don't understand.**
我听不懂。

**No.**
不。

**I like it.**
我喜欢。

**I don't like it.**
我不喜欢。

**I don't need it.**
我不需要。

**Let's go!**
走吧!

**Excuse me, could you let me through?**
抱歉，借过一下。

**After you.**
您先请。

**May I come in?**
我能进来吗?

**Please go away.**
请你离开。

"Excuse me, we're over my office."

# 3 Asking for Help
# 请求帮助



| | |
|---|---|
| **Could you do me a favor?**<br>你能帮我一个忙吗? | **Could you please wrap this?**<br>你能帮我打包这东西吗? |
| **Could you check it again?**<br>你能再帮我查一下吗? | **Sorry, I can't.**<br>抱歉，我帮不上忙。 |
| **Of course.**<br>当然。 | **Of course! What can I do for you?**<br>当然，有什么要我帮忙的? |

| | | |
|---|---|---|
| **Have you got time right now?**<br>你现在有空吗? | **Yes.**<br>有。 | **No.**<br>没有。 |

**May I use your ______?**
我能借用你的______吗?

**laptop**
笔记本电脑

**mobile phone**
手机

**Go ahead.**
请用。

**Could you lend me some money?**
可以借我一些钱吗？

**No problem.**
没问题。

**No way.**
不行。

**Could you look after this for me for a moment?**
可以帮我看管一下这个吗？

**Could you hold this for me?**
可以帮我拿一下吗？

**I'd be happy to.**
我很乐意。

**Sorry, I can't help you.**
对不起，我帮不上忙。

**Thank you very much. You really helped me out.**
非常感谢你，你真的帮了大忙。

**My pleasure. It was nothing.**
不客气，这是小事一桩。

# 4 Making Complaints 抱怨

| | | |
|---|---|---|
| Would you mind not ____? 你能不能别 ____? | doing that 那样做 | smoking 抽烟 |
| reading aloud 念出来 | acting like that 那个样子 | making such a noise 制造噪音 |

| | | |
|---|---|---|
| Could you be more ____ next time? 下次可否 ____ 一点? | careful 小心 | polite 有礼貌 |

**More Useful Sentences**

I've got a complaint to make.
我要投诉。

Can't you be serious?
你不能正经点吗?

Be quiet, please.
请保持安静。

Please forgive me.
请原谅我。

| | |
|---|---|
| 表示极度不同意 | That's ridiculous/unfair/unreasonable!<br>这真是太荒谬/不公平/不合理。 |
| 表示有重要请求<br>Can I... | Can I speak to the manager, please?<br>我可以和经理说话吗? |
| 表示相反的意见:<br>just 或 simply | It's just not fair! 这绝不公平。 |
| 让说词更具说服力:<br>absolutely 或 really | That's absolutely ridiculous! 这太荒谬了。<br>That's really unfair! 这完全不公平。 |
| 了解对方的话，可是你有不同的意见: well | Well, you shouldn't be angry.<br>嗯，你不应该生气的。 |
| 对于突如其来的意见表示反对: actually | Well, actually I don't think I need to say sorry.<br>我不认为我该道歉。 |

**This is too much.**
这太过分了。

**This is more than I can bear.**
我受不了了。

**I'm sorry to say this, but there seems to be a mistake.**
对不起，好像弄错了哦。

**Can't you do something about it?**
你就不能想点办法吗?

**Sorry. I ought to have known before.**
抱歉，我早该知道的。

**I hate to bring this up, but this is a non-smoking area.**
我不得不提醒你一下，这里是禁烟区。

**I didn't do it.**
不是我做的。

**I got cheated.**
我被骗了。

**That's not what I had in mind.**
我想要的不是这个。

**Sorry. Is it bothering you?**
对不起，打扰到你了吗?

**I'm not altogether happy with that.**
我不太满意。

**I am not getting what I bargained for.**
这跟我想的不一样。

当你在投诉时，记得掌握以下三项原则，这可以帮助你成功达到你投诉的目的:

1. 耐心（patience）
2. 和善（kindness）
3. 坚持（persistence）

# 5 Weather and Seasons 天气与季节

英国属于温带海洋性气候，气候潮湿温和，位处高纬度地区，故日夜天气变化较大。出门时记得要携带外套和雨伞。

伦敦平均温度大致为：

一月→4 ℃ → 四月→9.5 ℃ → 七月→18 ℃ → 十月→11 ℃

## Talking About Weather 谈论天气

**The weather forecast says it will be ______ tomorrow.**
天气预报说明天会______。

**It's ______ today.**
今天______。

| hot | warm | cold |
|---|---|---|
| 很热 | 很暖和 | 很冷 |

| sunny | raining | cloudy | windy | foggy |
|---|---|---|---|---|
| 很晴朗 | 下雨 | 阴天 | 风很大 | 起雾 |

**It will snow in the mountainous areas.**
山区会下雪。

**I suggest you bring ______ with you.**

我建议你要带______。

a coat

一件外套

an umbrella

一把伞

a down jacket

一件羽绒外套

## 英国天气概况

| 季节 | 月份 | 气温 | 天气概况 |
|---|---|---|---|
| 春季 | 3月～5月 | 6℃～11℃ | 春光明媚，偶有寒潮及降雨 |
| 夏季 | 6月～8月 | 14℃～25℃ | 日照时间长，夏季日间温度偏高，入夜转凉。外出时要携带小外套 |
| 秋季 | 9月～11月 | 7℃～18℃ | 天气温和，偶有寒潮 |
| 冬季 | 12月～2月 | 1℃～4℃ | 日照时间短、气温低、天气干冷。外出时最好采取多层的“洋葱式”穿法 |

## Four Seasons 四季

| I like ______. | I don't like ______. | It's ______ now. |
|---|---|---|
| 我喜欢______。 | 我不喜欢______。 | 现在是______。 |

| spring | summer | autumn | winter |
|---|---|---|---|
| 春天 | 夏天 | 秋天 | 冬天 |

## Talking About the Temperature 说明温度

**What's the temperature today?**
今天气温几度?

**It is 71.6 degrees Fahrenheit.**
气温是华氏 71.6 度。

**It will be 25 to 26 degrees Celsius.**
气温将为摄氏 25 至 26 度。

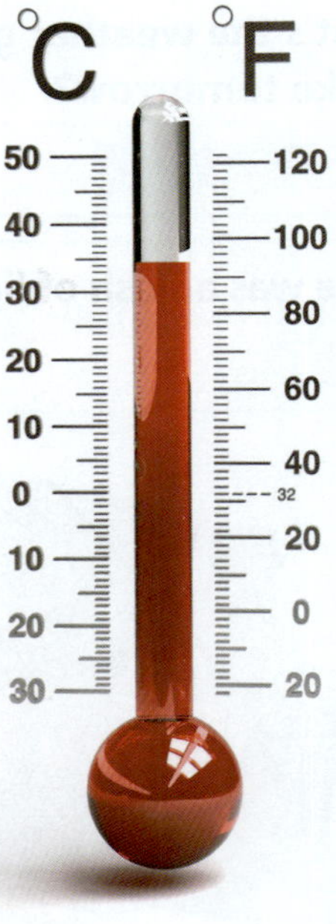


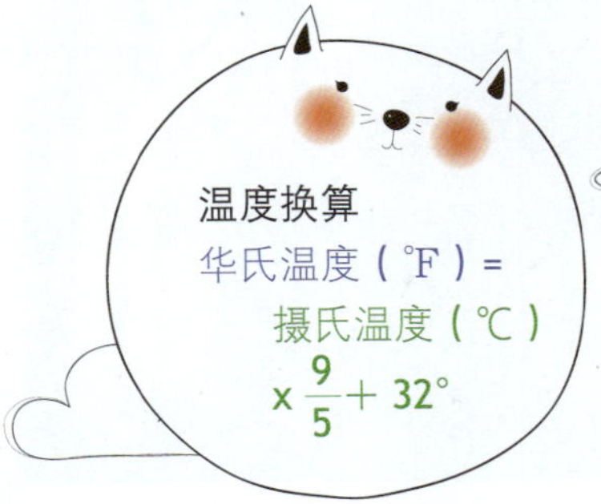

## More Useful Sentences

There will be a cold front coming tomorrow.
明天有冷空气要来。

What did the weather forecast say?
天气预报怎么说?

The temperature will drop at night.
晚上气温会下降。

The temperature will rise tomorrow.
明天气温会上升。

It looks like it is drizzling again.
看来又要下毛毛雨了。

It's raining cats and dogs.
正下着倾盆大雨。

It's freezing. Make sure to dress warm.
太冷了，要穿暖和一点。

It is misty.
起雾了。

What's the weather going to be like tomorrow?
明天天气如何?

I wonder when it will clear up.
不知道何时会放晴。

There was a flash of lightning.
闪电了。

It's thundering.
打雷了。

Part 3

# Communication
# 联络与通讯

## 1 Telephone Calls
## 打电话

Using a Public Telephone 使用公用电话

025

**Is there a public telephone nearby?**
附近有公用电话吗？

**There are no public telephones around here. I don't know where to find one.**
这附近没有公用电话，我不知道哪里有。

**There's one over there. Let me show you.**
在那里，我指给你看。

**There's one that's a little far from here. Let me draw a map for you.**
远一点的地方才有，我画地图给你看。

**How do I use it?**
请问如何使用？

**How much should I put in?**
要投多少钱？

**How much is the minimum charge?**
最少要投多少钱？

## 在英国使用公共电话

英国的公共电话普及，可以在火车站、地铁站和街道上找到。公共电话可分为三种类型：一般的公共电话、可以发送电子邮件（email）和短信（text）的公共电话，以及可以用来上网的公共电话。

英国的公共电话可用投币、信用卡或国际电话卡等方式付费。

cc by Mike Kirby

026

**Could I get some change? I need to make a call.**
可以跟你换零钱吗？我要打个电话。

**Yes. How much would you like?**
可以，你要换多少钱？

**No, but you can get change at this place. I will write it down for you.**
不行，但这里可以换零钱，我写给你。

**I don't have any coins.**
我没有零钱。

**I'm afraid not.**
对不起，不行。

**Can I use a phone card with this phone?**
请问这部电话可以用电话卡吗？

**Sure, you can.**
可以。

**No, you need to use coins.**
不行，这要投币。

**No, but you can with the one over there.**
这部不行，那边那部可以。

**Where can I get a phone card?**
请问哪里可以买到电话卡？

**You can get one at a newsstand.**
你可以在报摊买到。

**Can I use my credit card to make a call on this public phone?**
我可以用信用卡在这部公用电话打电话吗？

**Yes, you can.**
可以的。

**No, this one only accepts coins.**
不行，这是投币式的。

**No, you need to use a phone card.**
不行，你必须使用电话卡。

### 英国当地的电话卡

电话卡由“英国电话公司”（British Telecom）或“水星”（Mercury）等公司发行，适用于所有的公用电话。报摊或钱币兑换处都可以买到电话卡。购买有密码的电话预付卡，是最省钱的方式。

## Buying a Phone Card 购买电话卡

**I would like a phone card for overseas calls.**

我想要一张可以打国际电话的电话卡。

**Which card has the cheapest rate for calls to ______?**

请问用哪种卡打去______费率最低？

**China**

中国

**Malaysia**

马来西亚

**Japan**

日本

你可以在英国各城市的中国城买到当地发行的国际电话卡，或是在出国前购买国际电话预付卡，通常是先拨系统接入号码、预付卡密码，再按照指示拨号。

从英国往中国拨打电话方式如下：

| 00 | + | 86 | + | 区号 | + | 受话方电话号码 |
|---|---|---|---|---|---|---|
| 国际冠码 | | 中国的国家代码 | | 去掉 0 | | |

例如，要拨打电话回国，受话方的电话为 010-87654321，则要拨打 00-86-10-87654321；如拨打中国属地手机，如 18600005555，则拨打 00-86-18600005555，无须拨区号。

## Making Phone Calls From a Hotel Room 在饭店房间内打电话

**How do I make calls?**

我要如何打电话？

**Please check the telephone directory in your room.**

您的客房里有电话簿可以参考。

**Please press 9 first and then the room number.**

请先拨 9，再拨房号。

**Dial 0 and then the number you want.**

先拨 0，再拨电话号码。

You can dial directly from your room.

你可以从房间直拨。

For internal calls, please dial the room number directly.

内线请直接拨房号。

You can give me the phone number, and I'll place the call for you.

请告诉我您要拨打的电话号码，由我们为您代拨。

For external calls, please dial 0 first and then the number you intend to reach.

外线请先按 0，再按您要拨的号码。

How can I make ______ ?

我要如何打 ______ ？

a room-to-room call

内线电话

a long-distance call

长途电话

an overseas call

国际电话

a local call

市内电话

an internal call

内线电话

an external call

外线电话

| | |
|---|---|
| **Can I use this phone to call overseas?**<br>这部电话可以拨打国际电话吗? | **Yes.**<br>可以。 |
| **I'm afraid not.**<br>对不起，不行。 | **You'll have to use another phone. Let me show you.**<br>你得用另一部电话，我指给你看。 |

**What is the ______ here?**
这里的 ______ 是什么?

| | | |
|---|---|---|
| **dialing code**<br>区号 | **country code**<br>国家代码 | **international code**<br>国际冠码 |

**I'd like to make an international call to ______.**
我要打一个到 ______ 的国际电话。

| | |
|---|---|
| **Hong Kong**<br>香港 | |

| | |
|---|---|
| **China**<br>中国 | **Russia**<br>俄罗斯 |
| **Japan**<br>日本 | **Korea**<br>韩国 |
| **Germany**<br>德国 | **Italy**<br>意大利 |
| **Spain**<br>西班牙 | **Singapore**<br>新加坡 |
| **France**<br>法国 | **the U.S.**<br>美国 |

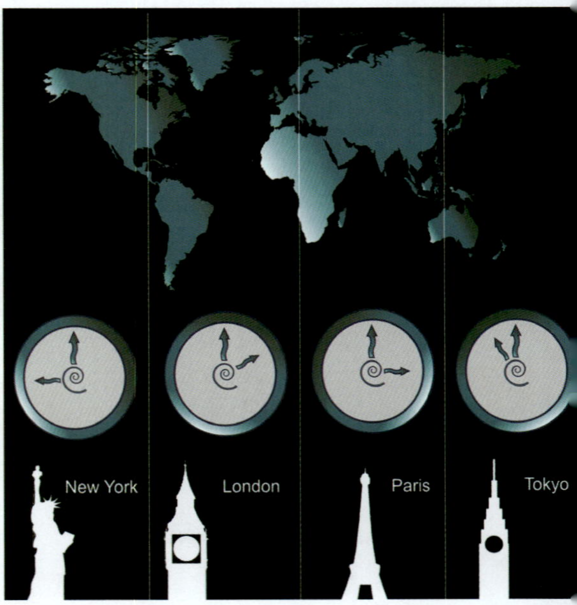

## Words and Phrases 单词和短语

| operator | collect call/reverse charge call | extension number |
|---|---|---|
| 接线员 | 对方付费电话 | 分机号码 |

## How to make an international call from the UK to China
## 如何从英国拨打国际电话回中国

### Call to a Home Phone

UK's International Access Code
+ Your Country Code
+ Dialing Code (without 0)
+ Home Number

**00 + 86 + 10 + XXXX-XXXX**

- 00: UK's International Access Code
- 86: Your Country Code
- 10: Dialing Code (without 0)(eg. Beijing)
- XXXX-XXXX: Home Number

### Call to a Mobile phone

UK's International Access Code
+ Your Country Code
+ Mobile phone Number

**00 + 86 + 1XX-XXXXXXXX**

- 00: UK's International Access Code
- 86: Your Country Code
- 1XX-XXXXXXXX: Mobile phone Number

### 拨打家庭电话

英国的国际冠码
+ 受话方的国码
+ 受话方的区码（省略 0）
+ 家用电话号码

**00 + 86 + 10 + XXXX-XXXX**

- 00: 英国的国际冠码
- 86: 受话方的国码
- 10: 受话方的区码(省略0)(以北京为例)
- XXXX-XXXX: 家庭电话号码

### 拨打手机

英国的国际冠码
+ 受话方的国码
+ 手机号码

**00 + 86 + 1XX-XXXXXXXX**

- 00: 英国的国际冠码
- 86: 受话方的国码
- 1XX-XXXXXXXX: 手机号码

★以上方法适用于用室内电话或手机打电话回中国。

# 2 The Internet 上网

031

## Using the Internet 使用网络

| | |
|---|---|
| **Where can I use the Internet?**<br>请问哪里可以使用网络? | **Wi-Fi is available here.**<br>这里可以使用 Wi-Fi。 |
| **You can try the ______ nearby.**<br>你可以去附近的 ______。 | **Internet café**<br>网吧 |
| **café**<br>咖啡店 | **public library**<br>公共图书馆 |

| | |
|---|---|
| **Is there an Internet café nearby?**<br>这附近有网吧吗? | **I don't know.**<br>我不知道。 |
| **Yes, let me show you.**<br>有的，我指给你看。 | **No, but you can find one here. I'll write it down for you.**<br>没有，但是你可以在我写的地方找到。 |

**Do you often surf the Internet?**
你常上网吗?

**Yes. I am online every day.**
是啊，我天天挂在网上。

**I do go online, but not very often.**
有，但也不是经常上网。

**Do you make calls on your computer?**
你会打网络电话吗?

**Yes, I do it all the time.**
会啊，我常打。

**No. I never make calls on my computer.**
不会，从来没打过。

## 在英国上网

在英国如果想要上网，可以到大城市里的网吧（Internet Café）或使用提供上网服务的公共电话。咖啡馆、火车站或是旅馆可能会有无线上网，不过通常是要付费的。只有公共图书馆提供免费的无线网络。

## Getting Online in a Hotel 在饭店内上网

**Do you provide Internet service?**

请问你们提供上网服务吗？

**You can connect an Internet cable to your laptop in your room.**

你可以在房间把网线接到你的笔记本电脑上。

**You can use the Internet in the business centre.**

你可以使用商务中心里的网络。

**Wireless Internet service is available in all our guest rooms and public areas.**

所有客房和公共区域都有无线网络。

**Can I go online in my room?**

请问房间里可以上网吗？

**How do I get access to the Internet? Could you show me?**

怎样才能上网？你可以教我吗？

**What's the rate for Internet access?**

上网收费是多少？

## Words and Phrases 单词和短语

| | | |
|---|---|---|
| **Internet phone**<br>网络电话 | **email**<br>电子邮件 | **email address**<br>电子邮箱地址 |

| | | | |
|---|---|---|---|
| **mailbox**<br>邮箱 | **wired**<br>有线的 | **wireless**<br>无线的 | **connection**<br>连线 |

| | | |
|---|---|---|
| **QQ account**<br>QQ 账号 | **Facebook account**<br>脸书账号 | **MicroBlog account**<br>微博账号 |

| | |
|---|---|
| **WeChat account**<br>微信账号 | **Twitter account**<br>推特账号 |

| | | |
|---|---|---|
| **Internet cable**<br>网线 | **outlet**<br>插孔 | **password**<br>密码 |

# 3 Faxes
# 传真

034

Where can I ____ a fax?

请问哪里可以 ____ 传真?

| send | receive |
| --- | --- |
| 发送 | 接收 |

Can you receive faxes for me?

请问你们可代收传真吗?

Certainly.

当然可以。

No problem. Just ask the sender to write your name and room number on the fax.

没问题，只要请对方注明您的姓名与房间号就可以了。

No, but a fax service is available at the business centre.

不能，不过商务中心有传真代收服务。

I'd like to send a fax to China. Please send it to this number in Beijing.

我想要传真到 中国 。请帮我传真这份文件到 北京 的这个号码。

Are there any faxes or letters for Room 1215?

有 1215 号房的传真或信件吗?

## 如何从英国传真到中国？

要从英国传真回中国，首先要找到一台可以使用国际传真的传真机。准备好要传真的内容并注明自哪里传真、传真的对象及传真页数。接下来在传真机上依序输入：

00（英国的国际冠码）
\+ 86（中国的国码）
\+ XX(X)（当地区号，省略开头的 0，如北京为 10、上海为 21）
\+ XXX(X)-XXXX（要传真的号码）。

Part 4

# Taking an Aeroplane
# 搭乘飞机

## 1 At the Airport 在机场

### Buying Tickets 购买机票

035

**I want ______ ticket.**
我要一张 ______ 机票。

**a single**
单程

**an economy-class**
经济舱

**a return**
来回

**a business-class**
商务舱

**a first-class**
头等舱

**Would you prefer first class, business class or economy?**
您要头等舱、商务舱还是经济舱？

**When do you want to leave?**
您何时启程？

**Which flight do you want to take?**
您要搭乘哪一个航班？

★ 中国前往英国的航班会在希斯罗机场（Heathrow Airport）降落。若想在英国境内搭飞机旅行，可以利用伦敦盖威克机场（Gatwick Airport）和伦敦斯坦斯特德机场（Stansted Airport）等国内线机场。

**I'd like a return ticket from ______ to ______ .**

我要一张从 ______ 到 ______ 的来回票。

| London | Edinburgh | Cardiff |
|---|---|---|
| 伦敦 | 爱丁堡 | 加的夫 |
|  |  |  |
| **Belfast** | **Manchester** | **Liverpool** |
| 贝尔法斯特 | 曼彻斯特 | 利物浦 |
|  |  |  |

**How much is a ticket to London ?**

到 伦敦 的机票一张多少钱?

**A/An economy -class ticket is £ 530 .**

经济 舱的票是 530 英镑。

| first | business | economy |
|---|---|---|
| 头等 | 商务 | 经济 |

★ 如果你想买英国国内线的机票，除了在机场购票外，也可利用英国当地的旅行社代购，或是自行上英国航空公司（British Airways）的网站买电子机票。

| Is it a direct flight to Amsterdam ?<br>这是直飞到 阿姆斯特丹 的航班吗？ | Yes, it is.<br>是的。 |
|---|---|

This is not a direct flight. You need to transfer in Bangkok .
这不是直飞的航班，您需要在 曼谷 转机。

I would like to change my return flight to Taiwan .
我想更改回程飞 台湾 的航班。

I don't care what airline I take, as long as it's the cheapest.
哪一家航空公司都可以，我要最便宜的机票。

## Checking In 办理登机

| Where is the check-in desk for ______ ?<br>请问 ______ 的登机柜台在哪里？ | Air China<br>国航 |
|---|---|

| | | |
|---|---|---|
| China Southern Airlines<br>南航 | Japan Airlines<br>日航 | All Nippon Airways<br>全日空 |
| Cathay Pacific Airways<br>国泰航空 | Singapore Airways<br>新航 | Thai Airways<br>泰航 |
| British Airways<br>英国航空 | Ryanair<br>瑞安航空 | easyJet<br>易捷航空 |
| Virgin Atlantic Airways<br>维珍航空 | British Midland Airways<br>英伦航空 | Air Scotland<br>苏格兰航空 |

**May I check in here for flight CI0915 to Hong Kong ?**

飞往 香港 的 CI0915 号航班是在这里办理登机手续吗?

**Yes. May I have your passport and ticket, please?**

是的，可以给我您的护照和机票吗?

**No. You should go to the counter over there.**

不是，您要到那边的柜台去办理。

**Where do you want to sit, window or aisle?**

请问您想坐靠窗还是靠走道的位子?

**I would like ____, please.**

请给我 ____。

| **a window seat** | **an aisle seat** | **seats together** |
| --- | --- | --- |
| 靠窗的座位 | 靠走道的座位 | 相连的座位 |
|  |  |  |

**Can I upgrade to business class with my current air miles?**

以我现有的里程，可以升等到商务舱吗？

**Sorry, you don't have enough air miles yet.**

很抱歉，您目前的里程还不够。

**I am afraid that all the business-class seats are taken.**

很抱歉，商务舱已客满。

**Yes, you can upgrade it. Do you want to do it right now?**

您可以升舱，现在要升舱吗？

**I have two piece(s) of luggage to check in.**

我有两件行李要托运。

**What's the weight limit for luggage?**

行李限重多少？

**The weight allowance is 30 kilos for business class and 20 kilos for economy class.**

商务舱限重30公斤，经济舱限重20公斤。

How much does it cost for excess luggage?
请问超重的行李要多付多少钱？

You've got to pay £ 12 per extra kilogram.
每多一公斤要付 12 英镑。

Where should I board the plane?
我应该从哪个登机门登机？

Your boarding gate is Gate C5 .
您是在 C5 登机门登机。

Is this the boarding gate for flight BR0190 to Tokyo ?
这是飞 东京 的 BR0190 航班的登机门吗？

Yes.
没错。

No. Let me show you where it is.
不是，让我告诉您在哪里。

The flight you are taking has been moved to Gate A8 .
您的航班改在 A8 登机门登机。

cc by Colin Smith

Is the flight ______ ?
本次航班 ______ 吗？

cancelled
取消了

delayed
延误了

on time
会准时

| Where is/are ____ ? | the boarding gate | Gate C4 |
| --- | --- | --- |
| ____ 在哪里? | 登机口 | C4 登机门 |

| the tax-free/duty free shops | the waiting room | the restaurant |
| --- | --- | --- |
| 免税商店 | 候机室 | 餐厅 |

cc by Dr Neil Clifton

| the toilet |
| --- |
| 洗手间 |
| **the transit counter** |
| 转机柜台 |
| **the transit lounge** |
| 转机候机室 |

Directions | 方向 p. 33

## Transit 转机

**Do I need to transfer?**
请问我需要转机吗?

**Where is the transit counter?**
转机柜台在哪里?

**When will the transfer flight take off?**
请问转机航班何时起飞?

**Where is the transit lounge?**
转机候机室在哪里?

## Words and Phrases 单词和短语

**passport**
护照

**ticket**
机票

**boarding pass**
登机证

**baggage/luggage**
行李

**baggage claim tag**
行李提取凭证

**prohibited item**
违禁品

**scale**
行李磅秤

**metal detector**
金属探测器

**cart/trolley**
行李推车

**flight number**
航班号码

**departure**
出境

**arrival**
入境

**flight schedule**
航班时刻

**carrier**
航空公司

**transfer**
转机

**terminal**
航站

**Customs**
海关

**quarantine**
检疫

# 2 Arrival 入境



## 入境英国须知

持有中华人民共和国护照之国人，如欲前往英国旅游、探亲、游学等，需取得英国签证申请中心签发的签证，签证有效期视申请签证的种类而不同。

每位入境者在抵达机场港口时，必须接受移民官员查问。所以你需要在飞机抵达目的地前填写 Landing Card（入境卡），上面要填写你的基本资料、停留在英国的相关资讯，最好再备妥证明来英国的相关文件（如旅游行程、回程机票、入学通知），以便向移民官员说明。（本书 76 ~ 79 页对出入境过程有详细解说）

| | |
|---|---|
| **Where is ______?** | ______ 在哪里？ |
| **immigration** | 入境审查处 |
| **customs** | 海关 |
| **baggage reclaim** | 行李提取 |
| **the bureau de change** | 兑换处 |
| **the public phone** | 公用电话 |
| **baggage enquiries** | 行李协寻柜台 |
| **VAT returns** | 退税处 |
| **car hire** | 租车服务 |
| **the arrival hall** | 入境大厅 |
| **the taxi rank** | 出租车候客站 |
| **the bus station/stop** | 客运站 / 公交车站 |
| **the information desk** | 服务台；询问处 |

Directions | 方向 p. 33

What's the purpose of your visit?
请问您此行的目的是什么?

Sightseeing.
观光。

Business.
出差。

I'm here as a foreign student.
我是来留学的。

I'm here to visit a friend.
我是来拜访朋友的。

Are you travelling alone?
您是一个人来吗?

Yes, I am.
是的。

I am travelling with a tour group.
我是跟团来的。

I am with a friend.
我和一位朋友来的。

How long are you planning to be here?
您预计要在本地待多久?

For five days.
五天。

Where will you stay?
您会住那里?

In a hotel in the city centre.
市中心的旅馆。

I'm staying with a friend.
我会住在朋友家。

I'm staying with a relative.
我会住在亲戚家。

**Where is the baggage reclaim?**

行李提取处在哪里?

**Which carousel is for flight BR0025 ?**

哪个是 BR0025 航班的提取行李区?

**Excuse me. That is my bag.**

对不起，那是我的行李。

**I can't find my bags.**

我找不到我的行李。

**I would like to know when my luggage will arrive.**

我想知道我的行李什么时候会到。

**My bag is black and it has ____.**

它是 黑 色的，有 ____。

**a name tag**

名牌

**a red belt**

红 色的束带

**a side carry handle**

手提拉环

**an extendable handle**

伸缩拉杆

**wheels**

轮子

**Could you deliver it to my hotel as soon as you find it?**

若您找到它，可以麻烦您尽快送到我住的饭店吗?

**This is my hotel address and the telephone number.**

这是我住的饭店的住址和电话号码。

## Going Through Customs 过海关

**Please open your suitcase.**
请打开您的行李。

**Have you got anything to declare?**
请问您有东西要申报吗？

**Please show me your passport.**
请您出示护照。

**I've got nothing to declare.**
我没有东西要申报的。

**I've got something to declare.**
我有东西要申报。

## Words and Phrases 单词和短语

**personal belongings**
私人物品

**customs**
海关

**resident**
居民

**non-resident**
非居民

**foreigner**
外国人

**suitcase**
行李箱

**landing card**
英国人境卡

**baggage inspection**
行李检查

**Where can I exchange some money?**

请问哪里可以换钱?

**What's the exchange rate between the US dollar and the pound today?**

今天 美元 对 英镑 的汇率是多少?

**I want to exchange these ____ for ____.**

我想把这些 ____ 换成 ____。

**pound(s)**

英镑

**US dollar(s)**

美元

**euro(s)**

欧元

**Thai baht**

泰铢

**Japanese yen**

日元

**South Korean won**

韩国元

**Vietnamese đồng**

越南盾

**Malaysian ringgit**

马来西亚林吉特

- euro 一字在欧洲地区无复数形式，在英语中则有复数形式 euros，请视使用地区调整用法。

# UK Money 英国货币

英镑（GBP），以符号“£”代表，1英镑等于100便士（pence），简称为p。硬币（coins）面额有1、2、5、10、20、50便士、1英镑及2英镑。纸钞（notes）面额有5、10、20、50英镑。

**How would you like your money?**

您的钱要怎么换？

**Please include some small change.**

请部分换些零钱。

**I would like two £50 notes, four £20 notes, ten £10 notes, and the rest in small change.**

我要换成 两 张50元，四 张20元，十 张10元，剩下的给我零钱。

**Would you please break this into smaller notes?**

可以帮我换成小额纸币吗？

**I would like to cash some traveller's cheques.**

我要把这些旅行支票换成现金。

**Do I need to pay a handling charge?**

请问要付手续费吗？

**The amount of money is not right.**

金额错了。

**Please sign your name on the checks.**

请在支票上签名。

**Could I have an exchange receipt?**

请给我交易收据。

## Using a Cash Point Machine 使用提款机

(cc by Walter Baxter)

1. **Please insert your card.**
   请插入你的卡片。

2. **Please wait.**
   请稍候。

3. **Please key in your personal identification number (PIN).**
   请输入您的密码。

4. **Please select a service.**
   请选择服务项目。

5. **Make a withdrawal.**
   提款。

6. **Please key in the amount.**
   请输入取款金额。

7. **Press enter.**
   按下确认键。

8. **Please take your card.**
   请取出您的卡片。

9. **Please take your cash.**
   请取出现金。

10. **Please take the receipt.**
    请取走收据。

## 办理出入境手续

**STEP1** 入境 Arrivals

入境手续

飞机飞抵英国的机场前，机上的服务人员会发入境卡（Landing Card）给需要的旅客。请以英文填写好入境卡（本书第 79 页有入境卡解说）。初抵一个陌生国家，刚开始一定很紧张，请放轻松并跟着 Arrivals（入境）的指示标志走，它会指引你到入境检查处（Immigration Control），入境检查处会有电子显示幕告诉你应该通过哪一个通道。

**STEP2** 通关 Immigration Control

英国的入境检查处分三个通关处：

1. BRITISH PASSPORT（英国公民通道）
2. EC COUNTRIES（欧盟人士通道）
3. OTHER PASSPORTS（其他国家公民通道）

请选择 OTHER PASSPORTS 通关。排队时站在等待线后方，轮到你通关的时候，将护照、填写好的入境卡和入境相关文件（例如入学证明）交由入境官员，他会检查你的文件是否齐全，并询问访英国之目的、停留天数、居住地等问题。

检查无误后，入境官员会在你的护照上盖章，入境章上会写明你可以在英国停留的时间，称作 Leave to enter。

## STEP3 提取行李 Baggage Reclaim

过了入境检查处后，接着要前往行李提取处领取行李。记得注意屏幕上显示的航班号和对应的行李转盘，才不会找不到自己的行李。

## STEP4 海关 Customs Control

下一步是通过海关检查，英国海关分三区：

1. **Nothing to Declare**（绿色通道）：携带物品没有超过免税范围，无须申报的旅客通过
2. **Goods to Declare**（红色通道）：携带物品已超过免税范围，需申报的旅客通过
3. 蓝色通道：欧盟国家公民通道

**免税范围**

1. 烟酒未逾免税数量
2. 自用物品未达缴税限额（300 英镑）
3. 所携现金在 1 万欧元（或其他等值货币）以下

**限制携带入境物品**

1. 17 岁以下人士不可携带烟草和酒精制品进入英国境内
2. 受管制的药品，如海洛因、吗啡、可卡因、大麻等
3. 武器、猥亵物品、威胁健康和环境的物品（包括某些植物、畜肉、肉制品和香肠等的动物加工制品、蔬菜）
4. 动物
5. 英国对走私毒品严惩不贷。切记避免涉及任何毒品，也不要替他人携带行李或包裹过关！

若在免税范围内可走绿色通道，否则应走红色通道，依实申报及缴税。不过有时候走绿色通道，海关还是有可能会抽查，要求游客开箱接受检查。

## 出境手续

### STEP1 出境 Departures

抵达机场后，依照离境（Departures）指示标志前往所在的航站楼（Terminal）。

### STEP2 办理登机手续 Check-in Zone

机场航站楼的屏幕上会显示航班的时间、目的地等资料，按照上头显示的区域去办理登机手续。

(cc by Frankly Richm

(cc by Frankly Richmond)

### STEP3 退税 Tax Refund

在英国，许多商品的金额都包含 17.5% 的 VAT（Value Added Tax，附加增值税）。外国游客是可以拿回这其中的附加增值税的。所以你如果有要退税的物品，记得到退税柜台申请退税。通常退税柜台会大排长龙，最好自行评估好时间，以免错过登机时间。

### STEP4 等待登机 Boarding

完成选座、行李托运等事情后，拿着你的登机证（boarding pass）和护照（passport）前往离境检查处（Departure Gates），接着就可以在等待航班的时间里逛逛免税商店了！

(cc by jonathanjonl)

# Landing Card
# 英国入境卡

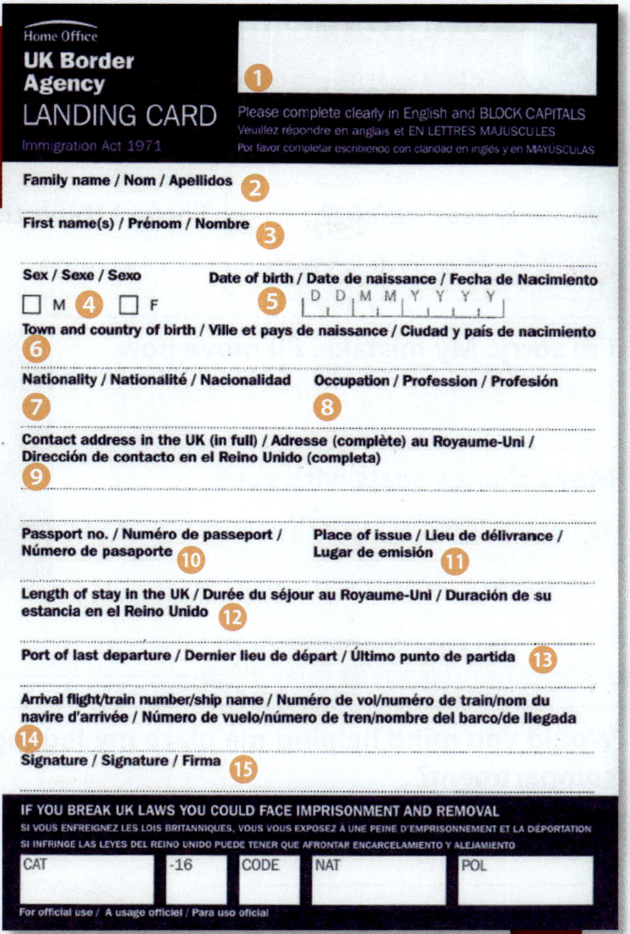
Home Office
UK Border Agency
LANDING CARD
Immigration Act 1971

1

Please complete clearly in English and BLOCK CAPITALS
Veuillez répondre en anglais et EN LETTRES MAJUSCULES
Por favor completar escribiendo con claridad en inglés y en MAYÚSCULAS

Family name / Nom / Apellidos 2

First name(s) / Prénom / Nombre 3

Sex / Sexe / Sexo
☐ M 4 ☐ F

Date of birth / Date de naissance / Fecha de Nacimiento 5
D D M M Y Y Y Y

Town and country of birth / Ville et pays de naissance / Ciudad y país de nacimiento 6

Nationality / Nationalité / Nacionalidad 7

Occupation / Profession / Profesión 8

Contact address in the UK (in full) / Adresse (complète) au Royaume-Uni / Dirección de contacto en el Reino Unido (completa) 9

Passport no. / Numéro de passeport / Número de pasaporte 10

Place of issue / Lieu de délivrance / Lugar de emisión 11

Length of stay in the UK / Durée du séjour au Royaume-Uni / Duración de su estancia en el Reino Unido 12

Port of last departure / Dernier lieu de départ / Último punto de partida 13

Arrival flight/train number/ship name / Numéro de vol/numéro de train/nom du navire d'arrivée / Número de vuelo/número de tren/nombre del barco/de llegada 14

Signature / Signature / Firma 15

IF YOU BREAK UK LAWS YOU COULD FACE IMPRISONMENT AND REMOVAL
SI VOUS ENFREIGNEZ LES LOIS BRITANNIQUES, VOUS VOUS EXPOSEZ À UNE PEINE D'EMPRISONNEMENT ET LA DÉPORTATION
SI INFRINGE LAS LEYES DEL REINO UNIDO PUEDE TENER QUE AFRONTAR ENCARCELAMIENTO Y ALEJAMIENTO

| CAT | -16 | CODE | NAT | POL |
|---|---|---|---|---|
| | | | | |

For official use / A usage officiel / Para uso oficial

1. Please complete clearly in English and BLOCK CAPITALS
   请以清晰的英文大写填入资讯。
2. Family name 姓
3. First name(s) 名
4. Sex 性别：M 是男性，F 是女性
5. Date of Birth
   生日，格式为：日／月／年
6. Town and country of birth
   出生地与出生国
7. Nationality 国籍
8. Occupation 职业
9. Contact address in the UK (in full)
   在英国的详细住址，若住在旅馆，请填写旅馆住址。
10. Passport No. 护照号码
11. Place of issue 签发地
12. Length of stay in the UK 在英国的停留时间
13. Port of last departure 出发地点
14. Arrival flight/train number/ship name 抵达的航班号或船名
15. Signature 签名

签名处以下地方由移民署海关人员填入。

# 3 On the Plane 在飞机上

048

## Looking for Your Seat 寻找座位

**Where is seat 29K?**
29K号座位在哪里？

**Sorry. I think this is my seat.**
抱歉，你坐了我的位子。

**I'm sorry. My mistake. I'll move now.**
抱歉，我看错了。我现在就换位置。

**May I change seats with you?**
我可以和你换位子吗？

## Storing Your Luggage 摆放行李

**Would you mind helping me place my luggage in the overhead compartment?**
你可以帮我把行李放到上面的置物箱吗？

**The overhead bins are all full. Where can I put my bag?**
上面的置物箱满了，我把行李放在哪儿呢？

**Could you please get my luggage for me from up there?**
你可以帮我把行李拿下来吗？

## Asking for Items 索取物品

| I need ____. 我需要____。 | an airsickness bag 一个呕吐袋 | a magazine 一本杂志 |
|---|---|---|

**headphones** 一副耳机

**a blanket** 一条毛毯

**a pillow** 一个枕头

**newspapers** 报纸

**These headphones are not working. May I have a new set?**
这副耳机坏了，可以换一副新的吗?

**When does the audio/video programme begin?**
广播节目 / 影视节目是什么时候开始播?

**I want to go to the toilet now. Is that OK?**
我现在可以去厕所吗?

**Yes, it's OK.**
可以。

**Sorry. You've got to stay in your seat.**
对不起，请留在座位上。

1. headphone jack
头戴式耳机插孔
2. earphone jack 耳机插孔
3. volume control 音量控制
4. channel selector
频道选择

**When do you serve ____?**
请问____是什么时候供应?

**lunch** 午餐

**dinner** 晚餐

**I am a little hungry. Is there anything I could eat?**
我有点饿，请问有什么可以吃吗?

**What's for lunch/dinner?**
午餐/晚餐有什么餐点呢?

**Vegetables.**
蔬菜。

**Beef.**
牛肉。

**Pork.**
猪肉。

**Fish.**
鱼肉。

**Chicken.**
鸡肉。

**Rice.**
米饭。

**Pasta.**
意大利面。

**Quiche.**
乳蛋饼。

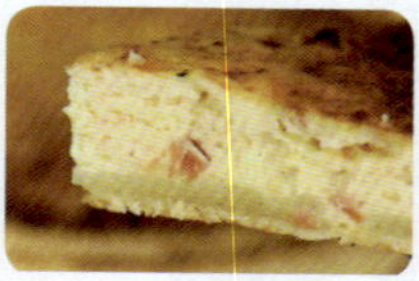

**Sushi.**
寿司。

I'd like a cup/glass of ______, please.

请给我一杯______。

May I have one more cup/glass of ______?

请再给我一杯______。

**water**

水

**orange juice**

柳橙汁

**apple juice**

苹果汁

**coffee**

咖啡

**tea**

茶

**Coke with ice**

可乐加冰块

**soda with a slice of lemon**

汽水加柠檬

**beer**

啤酒

**wine**

葡萄酒

May I have some more bread?

可以再给我一些面包吗?

I'm finished. Please take the tray away.

我吃完了，请收走餐盘。

**I feel a little ill.**
我觉得有点不舒服。

**May I have some airsickness medicine?**
可以给我晕机药吗？

**Do you sell duty-free items on this flight?**
请问飞机上有卖免税商品吗？

**Could you tell me how to ____?**
请问要怎么____？

**fasten the seat belt**
系好安全带

**recline the seat**
放下椅背

**switch channels**
切换频道

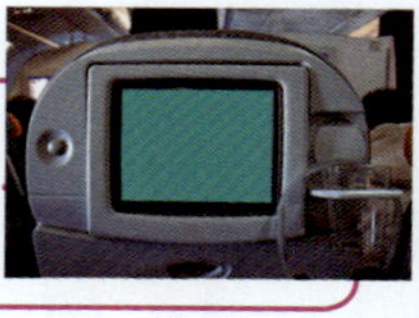

## Words and Phrases 单词和短语

**life jacket**
救生衣

**oxygen mask**
氧气罩

**duty-free item**
免税商品

**flight attendant**
空乘人员

**lavatory**
洗手间

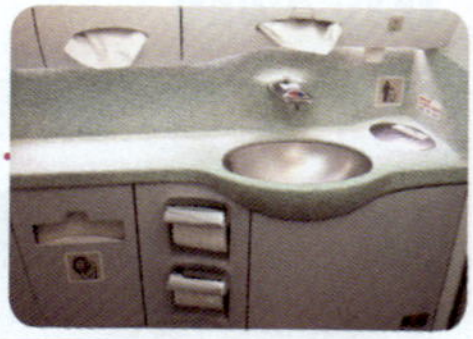

**electronic device**
电子用品

Part 5

# Transportation
# 交通

## 1 Asking for Directions 问路

Asking for Directions 问路

053

| How do I get to ____? 我要怎么去____? | Birmingham 伯明翰 | Glasgow 格拉斯哥 |
|---|---|---|

| Leeds 利兹 | Manchester 曼彻斯特 | Oxford 牛津 | Cambridge 剑桥 |
|---|---|---|---|

Map of the United Kingdom | 英国地图 p. 10

| Take ____. 搭____去。 | a bus 公交车 | a taxi 出租车 |
|---|---|---|

**a Eurostar train**
欧洲之星

**a train**
火车

(cc by Train Chartering & Private Rail Cars)

**the Tube**
地铁

| Where is the nearest ______ ?<br>最近的 ______ 在哪里？ | bus stop<br>公交车站 | Tube station<br>地铁站 |
|---|---|---|
| train station<br>火车站 | bus station<br>公交车站 | taxi rank<br>出租车候客站 |

**Let me show you.**

我指给你看。

**It's quite far. You'll need to take a bus .**

很远，你要搭 公交车 。

**It's about 15 minutes' walk from here.**

从这里大约要走 15 分钟。

**Let me draw a map for you.**

我画地图给你看。

**It's a long way. I suggest you take a cab to get there.**

很远，建议你搭 出租车 。

**Let me show you on this map.**

让我在地图上指给你看。

**Sorry, I don't know.**

抱歉，我不知道。

Excuse me. I want to go back to the ______, but I'm lost. Could you show me how to get there?

对不起，我想回______，但是我迷路了，请问我要怎么走？

| Ritz Hotel | |
| --- | --- |
| 丽兹饭店 | |
| Saville Hotel | Russell Hotel |
| 萨维尔饭店 | 罗素饭店 |

More Useful Sentences

I am lost.

我迷路了。

I have gone the wrong way.

我走错路了。

Would you please draw me a map?

请帮我画个地图，好吗？

Show me on this map, please.

请在这张地图上指给我看。

Please point out where I am on this map.

请指出我在地图上的哪里。

How far is it?
到那里有多远?

Are there any signs along the way?
请问沿路有什么路标吗?

What is this street?
这是哪条街呢?

I'm going to this place on the map.
我要去地图上这个地方。

Excuse me. I'd like to go to **Hyde Park**. What's the best way to get there?
不好意思，我要到**海德公园**，请问要怎么去最快呢?

Is this the right way to **Regent Street**?
去**摄政街**往这个方向对吗?

You have been a great help. Thank you for your kindness.
真是太好了，谢谢你的帮忙。

## 其他问路方法

1. Where is (the) ... ?
   （地点）在哪里?
2. Can you tell me how to get to (the)...?
   你可以告诉我怎么到达（地点）?
3. Can you give me directions to (the)... ?
   你可以指引我怎么到（地点）?
4. What's the best way to get to (the)... ?
   怎么去（地点）最好?

# 2 Trains 火车

## 英国铁路

英国是铁路的发源地，其境内的铁路网络由多家铁路公司联营。火车的票价会受距离、舱等、购买时间点、搭乘时段影响，单程票通常贵得吓人。最好的方式是购买英国铁路通行证（BritRail Pass），其根据涵盖区域分成六种不同的通行证。例如英国东南区火车通行证（BritRail London Plus Pass）和英国全区火车通行证（BritRail Pass）等。再根据使用的时间长短、连续使用（Consecutive）或不连续使用（Flexipass），来区分票价。

英国火车的车厢分头等舱（First Class）和普通舱（Standard Class），车厢内有可坐数人的包厢或是附有大桌子的独立式座位。长途列车会有一节车厢为餐车，供应一些餐点。

英国更于 1994 年建造了总车程只要 3 小时的国际列车 Eurostar，打通多佛海峡的隧道前往巴黎。另外，英国还有特快列车，以观光列车的形式运营。

### Buying Tickets 购买车票

**Where should I go to buy a ticket?**
我要去哪里买票？

**May I have a timetable?**
给我一份时刻表好吗？

**What kinds of tickets do you sell?**
请问有哪些票种？

**What's the fare?**
车票是多少钱？

**How long is the ticket good for?**
票期有效期限到何时？

**How much is it for children?**
儿童票多少钱？

**I want to buy a(n) ___ to Cambridge.**
我要一张到 剑桥 的 ___。

| | | |
|---|---|---|
| | | **adult ticket** 全票 |
| **children's ticket** 半票 | **student ticket** 学生票 | **discount ticket** 优惠票 |
| **single ticket** 单程票 | **return ticket** 来回票 | **advance ticket** 预售票 |

**Can I get a ticket on the sleeper train to Windermere?**
可以给我一张前往温德米尔的卧铺票吗？

**We have six in our party. Can we get the group rate?**
请问，我们有 六 个人，可以买团体票吗？

**Yes.**
可以的。

**No, you are still a few people short.**
不行，人数不够。

**I'd like a refund on my ticket.**
我想要退票。

## Taking the Train 搭乘火车

**Is there a buffet car on this train?**
这列火车有餐车吗？

**Do I have to change trains to go to Bath?**
往巴斯需要转车吗？

**When does the train to Glasgow leave?**
往 格拉斯哥 的车何时出发？

**When will the train arrive in Leeds?**
火车何时会抵达 利兹？

**Will the train be on time?**
这班火车准时吗？

**Yes, it will be on time.**
准时。

**It will be delayed.**
会晚点。

**It is cancelled for some reason.**
本班次因故取消了。

**When is the next train to Oxford (name of place)?**

下一班往 牛津 的火车是什么时候？

**Which platform does the train to Manchester leave from?**

请问往 曼彻斯特 的车是在哪个站台？

**Platform 2.**

第 二 站台。

**Where is the ______?**

请问 ______ 在哪里？

| **platform** | **way out** |
| --- | --- |
| 站台 | 出口 |

**In which car can I find a lavatory?**

哪一节车厢有洗手间？

**There is one in this car.**

这节车厢就有。

**The car in the front.**

前面的车厢有。

**The car at the back.**

后面的车厢有。

More Useful Sentences

**Can you tell me where Carriage 5 is?**

请问 5 号车厢在哪里？

**Have you got a food trolley on the train?**

请问车上有推车卖食物吗？

**I've got on the wrong train. Could you help me?**

我搭错车了，可以帮我吗？

**How long will the train stop here?**

请问列车会在这里停多久？

**I missed the train.**

我没赶上火车。

## Important Words 重要词汇

| entrance | ticket window | ticket vending machine |
|---|---|---|
| 入口 | 售票口 | 售票机 |

| fast ticket | carriage type | off-peak |
|---|---|---|
| 快速取票机 | 车厢种类 | 非高峰（时间）的 |

**carry-on luggage**
随身行李

**timetable**
时刻表

**locker**
置物柜

**change machine**
兑币机

| point of departure | stop | destination |
|---|---|---|
| 起点站 | 停靠站 | 终点站 |

| emergency exit | luggage check | fare |
|---|---|---|
| 紧急出口 | 行李托运 | 票价 |

Outward 去程

Return 回程

refund 退票

group ticket 团体票

Car 3 3 号车厢

lavatory 洗手间

Leaving 发车时间

Arriving 抵达时间

transfer 转乘

direct trains 直达车

stopping trains 慢车

duty office 值班站长室

lost property 失物招领

sleeper trains 卧铺车

Travel Via 沿途经过的车站

# 3 Tubes 地铁

061 Buying Tickets 购买车票

**May I have an Underground route map?**

可给我一份地铁地图吗?

**Can I get change from the ticket vending machine?**

请问售票机有找零吗?

**Can you show me how to use the ticket machine?**

能不能请你教我如何操作售票机?

**How much is a single ticket?**

单程票多少钱?

**Where can I get small change?**

哪里可以换零钱?

**I don't know.**

我不知道。

**You can go to the ticket counter.**

你可以去售票口。

**You can get some change at the coin exchange machine.**

你可以去兑币机换。

英国的地铁称为 tube 或 underground。美国的地铁称作 subway，但在英国 subway 是指“地下道”。

伦敦的地铁系统共有 275 个站，你可以从机场搭地铁到伦敦市中心，也可以到偏远的郊区。地铁路线以颜色区分，共有 11 条线，例如中央线（Central）是红色的，贝克鲁线（Bakerloo）是咖啡色的。同一条路线又有东西南北之分。所以往站台途中可以看到清楚的标示：Eastbound（往东）、Westbound（往西）、Southbound（往南）、Northbound（往北）。要注意的是，英国地铁的出口称为 way out。除了搭乘地铁外，也可搭乘英国的 Tramlink（电车）和轻轨电车（DLR）。

伦敦的公共交通费用较高，特别是只购买单程票时。建议出行前购买游客牡蛎卡（Visitor Oyster card）或到伦敦后购买牡蛎卡（Oyster card）。

**Oyster card**

牡蛎卡

**Day Travelcard**

一日旅游卡

**ticket vending machine**

售票机

(cc by tompagenet)

**sensor**

票卡感应处

(cc by tompagenet)

**first train**

首班车

**last train**

末班车

**transfer station**

转乘站

**terminal station**

终点站

**recharge**

充值

**group ticket**

团体票

**Peak Time**

高峰时段

**Single Cash Fare Ticket**

单程票

**Visitor Oyster card**

游客牡蛎卡

**Which line should I take to get to Baker Street ?**

请问去 贝克街 站是搭哪一条线?

**The Bakerloo Line will take you where you want to go.**

你搭 贝克鲁 线可以到。

**Do I have to change trains?**

我要转车吗?

**No. It's three stops from here.**

不用，离这还有 三 站。

**Yes, you'll have to change trains at Liverpool Street .**

要，你要在 利物浦街车站 转车。

**You'll have to change trains here. I will write it down for you.**

你要在我写给你的地点换车。

## 伦敦地铁的付费方式

Single Pass 以现金购买单程票

Oyster Card 牡蛎卡，可以充值使用。可以用在地铁（Tubes）、公共汽车（Buses）、电车（Trams）、船坞区轻轨铁路（DLR）、伦敦地上铁（London Overground）和部分国铁（National Rail）。此卡只有到达英国后才可购买。也可选择在出行前从网上订购游客牡蛎卡（Visitor Oyster card）。优惠幅度及充值方式与普通 Oyster card 略有不同。

Travelcard 分 One Day、Weekly、Monthly 和 Annual，使用者可以在规定的时间内无限制使用于地铁和公交车。Travelcard 也会因区域以及高峰和非高峰时段的不同，价格也不同。

**Does this train stop at Regent's Park ?**
请问这班车在 摄政公园 停留吗?

**This train terminates at Edgware .**
这辆列车的终点站是 艾德威尔 。

**Where is the platform for the underground to Covent Garden ?**
请问前往 科芬园 的地铁站台在哪里?

**Where is the way out for ?**
请问 是走哪个出口?

**Soho**
苏活区

**Russell Square**
罗素广场

**Covent Garden**
科芬园

**the Sherlock Holmes Museum**
福尔摩斯博物馆

(cc by Ian Muttoo)

**the Royal National Theatre**
皇家国立剧院

**Greenwich Park**
格林威治公园

**You can take Exit 1 .**
你要走 一 号出口。

# 4 Buses 公交车 / 客运

064

所有英国的城镇都被长途汽车服务所连接起来。在美国称长途巴士为long-distance bus，在英国则称为coach。英国的长途巴士主要有四家，National Express、Megabus、Oxford Tube和苏格兰巴士Scottish Citylink。

## Taking the Coach 搭乘长途客运

**Where is the station for ______?**
______的车站在哪里？

**Scottish Citylink**
苏格兰巴士

**National Express**
国家快运公司

(cc by eastleighbusman)

**Megabus**
一元巴士

(cc by eastleighbusman)

**Oxford Tube**
牛津巴士

(cc by eastleighbusman)

**Please give me a bus route map and timetable.**
麻烦给我一张巴士路线图和时刻表。

**How much is the bus fare to Birmingham?**
请问到伯明翰要多少钱？

**How much is a(n) ______ ticket?**
请问______票是多少钱？

| single | return | adult | children's | student | discount |
|---|---|---|---|---|---|
| 单程 | 来回 | 全 | 半 | 学生 | 优惠 |

Can I get a ticket here?

我可以在这里买票吗？

One ticket to London, please.

一张到伦敦的票。

Where do I board the bus for Piccadilly Circus (name of place)?

往皮卡迪利广场要在哪里上车？

Can I take my bags on the bus with me?

我的行李可以带上车吗？

Is there a lavatory on the bus?

请问车上有洗手间吗？

Yes.

有的。

No.

没有。

How long will the bus stop here?

请问这站会停多久？

About ten minutes.

大约十分钟。

**I want to go to ______. Can you tell me which bus I should take?**

我要去______，要坐哪一路公交车？

**Is this the bus to ______?**

这班车到______吗？

**the London Eye**

伦敦眼

**Buckingham Palace**

白金汉宫

**Tate Britain**

泰特英国美术馆

**Harrods**

哈罗兹百货

**the BT Tower**

伦敦电信塔

**Camden Market**

肯顿市场

**Take bus No. 19 .**

搭 19 路公交车。

## 搭乘英国公交车注意事项

1. 公交车路线分白天路线和夜晚路线。站牌上路线编号前面加N，是指夜间行驶的公交车。
2. 巴士可分双层巴士（Double-decker）、单层巴士（Single-decker）、夜间巴士（Night Buses）和连结式巴士（Bendy）等。
3. 英国公交车班次于各公交车站及站牌皆有标示，搭乘前要先看时间表再出门，才不会浪费时间等公交车。
4. 公交车站牌若有设置自动售票机（Bus passes and tickets），pass指的是一日券（one day bus pass）、一周券等；tickets则是指只能使用一次的车票（single journey bus ticket）。利用牡蛎卡（Oyster card）会比现金购买更便宜。

**Where should I get off for London Bridge ?**
请问去 伦敦塔桥 要在哪里下车？

**You should get off now.**
现在就要下车。

**You should get off at the third stop.**
在第 三 站下车。

**You should get off at Trafalgar Square .**
你应该在 特拉法加广场 下车。

**Sorry, I don't know.**
对不起，我不知道。

**Do I need to change buses?**
要换车吗？

**No, you don't need to.**
不用换车。

**Yes, you'll need to change buses at Paddington . It's four stops from here.**
要，你要在 帕丁顿 换车，还有 四 站。

**How long does it take to get to Heathrow Airport by bus?**

请问坐公交车到 希斯罗机场 要多久?

**It depends on the traffic. Normally, it takes about 25 minutes.**

要看路况。一般大概要 25 分钟。

More Useful Sentences

**How many stops to the London Eye ?**

到 伦敦眼 有几站?

**What time is the last bus?**

最后一班车是几点开?

**How often does the bus go to the British Museum ?**

往 大英博物馆 的公交车多长时间发车一次?

**When is the next bus for Tate Britain ?**

往 泰特英国美术馆 的下一班公交车是几点?

**Should I press the button when I want to get off?**

请问下车要按按钮吗?

**Please let me know when we reach Tate Modern.**

到达泰特现代艺术馆的时候请跟我说一下。

**Next stop, please.**

麻烦你下一站停车。

**I missed my stop. Please let me off.**

我坐过站了，请让我下车。

**I have taken the wrong bus.**

我坐错车了。

# 5 Taxis 出租车

070

英国的出租车是黑色车身，黑头出租车（black cab）起跳价为 2.2 英镑，依距离跳表计费，高峰、非高峰、假日、夜间等因素也会影响计价方式。你可以视情况给司机车费的 10% ~ 15% 当作小费。英国的出租车跟中国一样，可以随招随停，也可电话叫车。

英国另外有一种“迷你出租车”（Minicab），需电话预订而不能自由搭乘。

**Where can I take a taxi?**
我要到哪里搭出租车呢？

**There's a taxi rank nearby.**
附近有出租车候客站。

**You can hail a taxi on the street.**
你可以在路边拦出租车。

**I suggest you call a taxi.**
我建议你打电话叫车。

**Could you call a taxi for me?**
帮我叫辆出租车，好吗？

**Could you please open the boot?**
能麻烦你打开后备箱吗？

**Please put this luggage in the boot.**
请把这个行李放在后备箱。

**Could you roll up the window a bit?**
可以麻烦把窗户摇上去一点吗？

**How long does it take to get to the Royal Botanic Gardens?**
到 英国皇家植物园 要多久？

**Could you turn up the air-conditioner, please?**
可以麻烦把空调开大一点吗？

**Where do you want to go?**
您要到哪里?

**To Victoria Railway Station, please.**
麻烦到 维多利亚火车站 。

**To this address, please.**
请到这个地址。

**The junction of Waterloo Road and Belvedere Road .**
到 滑铁卢路 和 丽城路 的交叉口。

想在路上搭出租车时，只要看到车顶的灯亮着“TAXI”或是“FOR HIRE”的灯亮着，就可直接招出租车。

**About how much is the fare to the airport ?**

到 机场 大概要多少钱？

| It depends on the meter.<br>跳表计费的。 | It's about £ 30 .<br>大概要 30 英镑。 | It will be £ 35 .<br>会收 35 英镑。 |
|---|---|---|

**I am in a hurry. Can you go a little faster?**

我在赶时间，可以麻烦开快一点吗？

**I've got to be at the airport by eight . Can we make it?**

我 8点 以前要到机场，来得及吗？

| How much longer will it take?<br>还要多久才会到？ | Can you take another route?<br>你可以换条路走吗？ |
|---|---|

**Can you make a ______ at the next junction?**

可以请你在下一个十字路口 ______ 吗？

| right turn<br>右转 | left turn<br>左转 | U-turn<br>回转，掉头 |
|---|---|---|

### 搭出租车时常用的话

1. I'd like you to call a taxi, please. 请帮我叫辆出租车。
2. May I get in? 我可以上车吗？
3. Would you take me to the airport, please? 请载我到机场。
4. I'll get off here. 我要在这里下车。
5. You can keep the change. 不用找零了。

## More Useful Sentences

**Could you please slow down?**
可以麻烦开慢一点吗？

**Stop here, please.**
请在这里停车。

**Do you mind waiting for a while?**
可以请你在这里等我一下吗？

**How much is the fare?**
车钱多少？

**Thank you. Keep the change.**
谢谢，不用找零了。

**The price is different from the meter reading.**
车费怎么跟计程表不同？

**You haven't given me the right change.**
你找的钱不对。

**May I have a receipt?**
可以给我收据吗？

# 6 Driving a Car
# 开车

074

如果你持有中国驾照，应首先到英国交通部门的网站上查询是否认可。通常，非欧盟驾照和国际驾照可以在英国使用 12 个月。超过 12 个月后，你应在获取英国驾照后，方能开车上路。如果想在英国租车，可以在旅客服务中心或是机场进行预约，提早预约可享有优惠价，同时也可借此了解车型、是手动挡还是自动挡、租车价格和保险等相关事宜。英国较大型的租车公司有 Avis、Hertz、Sixt 和 Europcar 等，租车价格较其他小型租车公司高，不过可以选择 A 地租车、B 地还车。

## Hiring a Car 租车

**Where can I hire a car?**
我在哪里可以租到车子呢？

**What kind of cars have you got?**
有哪几种车型呢？

**I made a reservation in London. My name is David.**
我叫大卫，我在伦敦已经预先租好车了。

**May I see your price and car list first?**
我可以先看有什么价位和车型吗？

**Have you got _____?**
你们有 _____ 吗？

**Japanese cars**
日系车

**American cars**
美系车

**European cars**
欧系车

**a saloon**
轿车

**an SUV**
运动型多用途汽车

**a compact car**
小车

| Have you got a ______? 你们有______吗? | VW Caddy Van 福斯商旅 | Ford Fiesta 福特嘉年华 |
|---|---|---|

| Audi A1 奥迪 A1 | BMW 宝马 | Vauxhall Meriva 沃克斯豪尔美瑞拉 | Peugeot 308 标致 308 |
|---|---|---|---|

How many days do you want to hire this car for?
这辆车你要租多久?

Two days.
两天。

What is the rate?
租金是多少?

It costs £ 90 per day.
一天是 90 英镑。

Do I have to pay a deposit?
我需要付押金吗?

You don't need to pay any deposit or leave identification.
免押金也不用押证件。

You don't need to pay a deposit, but you've got to leave some form of identification.
不需要押金，但是要押证件。

| I would like it to have ____. 我希望有 ____。 | a satellite navigation system 卫星导航系统 |
| --- | --- |
| a parking sensor 倒车雷达 | snow chains 雪链 |

| Does the price include ____? 这个费用包含 ____ 吗? | insurance 保险 | petrol 油费 |
| --- | --- | --- |

| I need ____. 我要 ____。 | accident insurance 意外险 | full insurance coverage 全险 |
| --- | --- | --- |

**When do I have to return the car?**
最迟什么时候要还车?

**Do I need to return the car with a full tank?**
还车时要加满油吗?

**Is there an extra charge if I don't return it on time?**
车子如果没有准时归还,逾期的费用要怎么算呢?

## 英国开车常识

1. 在英国，汽车驾驶座在右边，而且要靠左行驶。
2. 离开市中心后通常会在十字路口碰到圆环（roundabout），需要绕行驾驶，圆环没有红灯，所以要让右方车优先通行。
3. 马路上的双黄线（double yellow lines）表示不准停车，单黄线（single yellow line）则限制每日停车时段。
4. 汽车驾驶人及乘坐人均须系安全带。
5. 在伦敦要收交通堵塞费，这适用于大部分进入伦敦市中的车辆。所以在伦敦开车时，要先确认交通堵塞费施行的时间和地区。

**Can I return this car in ______?**
请问可以在______还车吗?

| | |
|---|---|
| **Brighton** 布赖顿 | **Bristol** 布里斯托尔 |
| **Stirling** 斯特灵 | **Newcastle** 纽卡斯尔 |

**You can return it at any of our branches.**
您可以在我们任何一家分店还车。

**You need to return the car here.**
麻烦您把车子开回这里。

**Is there a mileage limit?**
有行驶里程数的限制吗?

**No, there is no limit.**
没有，没有限制。

**Yes, there is a mileage limit of 100 miles.**
有的，有 100 英里的里程限制。

**May I see the car before signing the contract?**
签约前可以先看车吗?

**This car doesn't seem to be in very good condition. I'd like another one .**
这辆车车况不佳，我想换另一辆。

## Returning a Car 还车

**I want to return this car. Here is the rental agreement.**

我要还车，这是租车协议。

**Hold on a second please. I need to check the car first.**

请稍候，我要先检查一下车子。

**Could you please tell me about the ______ on the car?**

车上怎么会有______？

**scratch**

刮痕

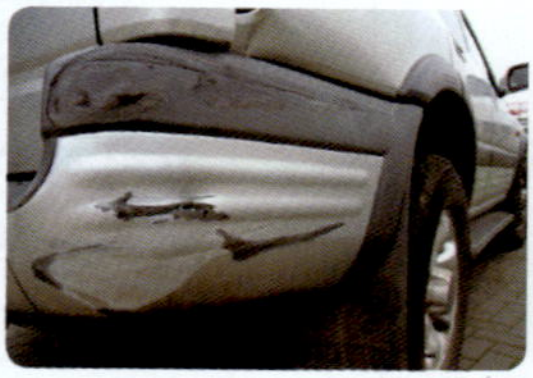

**dent**

凹痕

**I must have dented it when I opened the door. But it's not that bad.**

一定是开车门时不小心撞凹的，可是并不明显。

**I didn't do it. It must have been there all along.**

不是我弄的，应该是原本就有的。

### 驾车安全须知

1. 在租车时，最好找全国性的大型租车公司，并且租年代较新的车子，并注意车胎的状况、胎压及车胎的磨损程度。
2. 如果发生车祸，不管是谁的错，不要先承认错误。如果自己承认错误，将会招来赔偿责任。
3. 让保险公司去和对方协调责任归属，并且一定要跟对方要姓名、地址、电话、车牌号码（Licence Plate Number）、保险公司电话（Insurance Phone Number）、车辆注册证（Vehicle Registration）等资料。如果有目击者，也要向目击者要电话及姓名。
4. 旅游时要让家人或朋友知道你的行程，能找伴同行是最好的了。

## 租车注意事项

1. 准备好证件：护照和国际驾照。
2. 车子种类：自动挡车（automatic car）和手动挡车（manual car）。
3. 准备好押金，租车公司通常会收取押金。
4. 领车时，检查车子性能是否正常。
5. 询问还车地点和道路救援电话。

## Words and Phrases 单词和短语

**international driving licence**
国际驾照

**contract/agreement**
合同 / 协议

**rate**
租金

**deposit**
押金

**manual car**
手动挡车

**automatic car**
自动挡车

## Driving a Car 开车上路

**Can I have a roadmap?**
可以给我一张道路图吗？

**Where can I get on the motorway?**
要怎么上高速公路？

**Can I park here for a while?**
请问这里可以临时停车吗？

**Is there a car park around here?**
请问这附近有停车场吗？

**What is the hourly rate for parking here?**
停车费每小时多少钱？

## Car Problems 汽车故障

**There is something wrong with the ______. Please check it for me.**

______ 有点问题，可以帮我检查一下吗？

**battery**

电瓶

**engine**

引擎

**radiator**

水箱

**windscreen wiper**

雨刷

**headlight**

头灯

**indicator light**

方向灯

**tyre**

轮胎

**brake light**

刹车灯

**My car has broken down.**
我的车子抛锚了。

**The engine won't start.**
引擎发动不了了。

**Charge the battery, please.**
请帮我给电瓶充电。

**I've got a flat tyre.**
我的车子爆胎了。

**I had an accident.**
我出车祸了。

**Please inform my emergency contact.**
麻烦通知我的紧急联络人。

## Words and Phrases 单词和短语

**parking metre**
停车计费表

**car park**
停车场

**parking space**
停车位

**zebra crossing**
斑马线 / 人行横道

**fuel tank**
油箱

**flat tyre**
爆胎

**tyre pressure**
胎压

**toll gate**
收费站

**rest area**
休息站

**Stop**
停车再开

**No U-turn**
禁止掉头

**No right turn**
禁止右转

**No left turn**
禁止左转

**Speed limit**
最高速限

**Roundabout**
环状交叉口

**Crossroads**
十字路口

**Do not enter**
禁止进入

**Double bend first to left**
前面先左转之连续弯道

**Two-way traffic straight ahead**
前方双向直行车道

**Road narrows on both sides**
道路两侧变窄

**Cycle route ahead**
前方自行车车道

**Are there any petrol stations nearby?**
请问附近有加油站吗？

**Fill it up with ____ , please.**
____，请加满。

| **Diesel** |
| --- |
| 柴油 |

| **Regular** | **Plus** | **Premium** |
| --- | --- | --- |
| 普通汽油 | 中级汽油 | 高级汽油 |

**Give me 10 gallons of unleaded petrol.**
加 10 加仑的 无铅 汽油。

**10 pound's worth of unleaded petrol.**
加 10 元的 无铅 汽油。

## 在英国加油

英国加油是self-service（自助式）的，驾驶人要下车自己拿加油管加油，加完后再到便利商店里付钱。

英国加油站的汽油有不同的价格，所以加油站外会写着今日各种汽油每公升的价格。

More Useful Sentences

**How much for one gallon?**
请问每加仑多少钱？

**I'd like a car wash.**
我要洗车。

1 加仑约等于美制的 3.785 升，英制的 4.546 升。

**Clean the windscreen, please.**
请帮我清洁挡风玻璃。

**Can I pay with a card?**
我可以刷卡吗？

## 搭船游英国

想要轻松度假，乘船也是一个不错的选择。你可以在伦敦搭乘渡轮，顺着泰晤士河（River Thames），欣赏河岸两旁的美景。
渡轮的票券可以在渡轮口买得到，票价因距离长短而有所不同，不过你也可以使用牡蛎卡（Oyster card）来支付渡轮的费用，某些河段可因此享有优惠哟！

Part 6

# Accommodation
# 住宿

## 1 Making a Reservation 订房

Looking for a Hotel 寻找旅馆

084

**Could you recommend a ______ hotel nearby?**
请问附近有没有 ______ 的旅馆?

| cheap | luxurious | 5-star | cosy |
|---|---|---|---|
| 经济实惠的 | 豪华的 | 五星级的 | 舒适的 |

Making a Reservation 预订旅馆

**I have booked a room.**
我有订房。

**I haven't booked a room.**
我没有订房。

**Have you got any vacancies for tonight?**
请问你们今天晚上还有空房吗?

**Yes, we have a vacancy.**
我们有空房。

**I am sorry, but all our rooms are fully booked at the moment.**
很抱歉，目前所有的客房都客满了。

**I'd like a room from the 10th of August for two nights.**

我要一个房间，从 8月10日 开始，共 两 天。

Months, Dates, and Days | 月份、日期与星期 **p. 26**

**I'd like a ______.**

我要 ______。

**single room**

单人房

**double room**

大床房

（一张双人床）

**twin room**

双人房

（两张床）

**suite**

套房

**triple room**

三人房

**I'd like a ____.**
我要____。

**room with a view**
景观好的房间

**room with a bathroom**
附卫浴的房间

**room with a bathtub**
附浴缸的房间

**quiet room**
安静的房间

**smoking room**
可吸烟房

**non-smoking room**
非吸烟房

**A room facing the ____, please.**
我要面对____的房间。

**garden**
花园

**sea**
海景

**lake**
湖

**mountain**
山景

**street**
街道

**I'm staying for one night.**
我要住 一 天。

**How much is it per night?**
请问住一晚多少钱?

**Have you got anything cheaper?**
有便宜一点的吗？

**Can I see the room first?**
我可以先看看房间吗？

**Could you give me a discount if I stay for four nights?**
我住 四 晚有折扣吗？

**I am afraid we can only offer you a double room.**
抱歉，只剩一间大床房了。

**Would it be possible for me to change to another room later on?**
之后如果有房间可以换吗？

**OK, I will take it.**
好吧，那我就住那间。

**Does the price include ____?**
这价格包括 ____ 吗？

**tax**
税金

**breakfast**
早餐

**a service charge**
服务费

**The breakfast charge is £ 7 per person.**
早餐一个人是 7 英镑。

a full English breakfast

Hi, my name is David. I booked a room. Can I check in now?

你好，我是大卫。我有预订，现在可以办理住宿吗？

Here is the confirmation slip.

这是订房确认单。

What should I write here?

这里要填什么？

When should I check out?

请问什么时候要退房？

By twelve.

12点以前。

How would you like to pay?

请问您要怎么付款？

By cash.

付现金。

With a card.

刷卡。

Can I pay with traveller's cheques?

可以用旅行支票吗？

Could you carry my luggage to my room?

可以帮我把行李搬到房间去吗？

When can I have breakfast?

几点供应早餐？

We serve breakfast from seven to ten o'clock.

我们早上七点到十点供应早餐。

The key for Room 202, please.

我要拿202号房的钥匙。

My room key is missing.

我的房间钥匙不见了。

## Words and Phrases 单词和短语

front desk

前台

hall

大厅

cashier

收银处

doorman

门童

bellboy

行李员

lift

电梯

check in

住宿登记

check out

退房

key card

钥匙卡

# 饭店旅馆比较

**Hotel （饭店）**

Hotel 是一般我们所熟知的饭店，除了提供旅客餐饮住宿外，也发展出越来越多功能。为了吸引更多客源，许多饭店在观光景点设立度假饭店，推出各种休闲设施。此外，大多数饭店内都附设大型会议室，结合商务功能，吸引公司企业前往饭店内开会。

(cc by Loz Flowers)

**Youth Hostel （青年旅馆）**

青年旅馆的房价通常比较便宜，房间的床是上下铺的，类似学生宿舍。住在青年旅馆虽然没有饭店舒服，但可以认识来自世界各地的背包客，也是个不错的选择。

**Extended Stay Hotel （公寓式饭店）**

不同于一般大型饭店或小型旅馆，让旅客享受如同居住在家一般的服务，房间里除了一般饭店房间拥有的卫浴设备外，也会有厨房、洗衣机、烘衣机等一般家庭会用到的设施。

**Cottage （乡村别墅）**

这种类型的房子是以一整栋房子为出租单位，家具和烹饪设备等一应俱全。当然，在租屋时要记得注意附近交通便利性、屋况和设备等事项。

**B&B （家庭旅馆）**

B&B 分别指 bed 以及 breakfast，是一种提供早餐的私人旅馆，类似民宿。经营者通常为家庭，提供客人个别的房间与卫浴，隔天并提供早餐。许多 B&B 都是由家族经营，提供住家多余的房间给住客，因此往往房间数量不多，因此建议行前先订位。

# 2 During the Stay
# 住宿期间

090

## Using the Hotel Facilities 使用饭店设施

| Have you got a ____? | No. | Yes, it's on the second floor. |
| --- | --- | --- |
| 你们有____吗? | 没有。 | 有的，在三楼。 |

gym
健身房

swimming pool
游泳池

sauna
桑拿浴

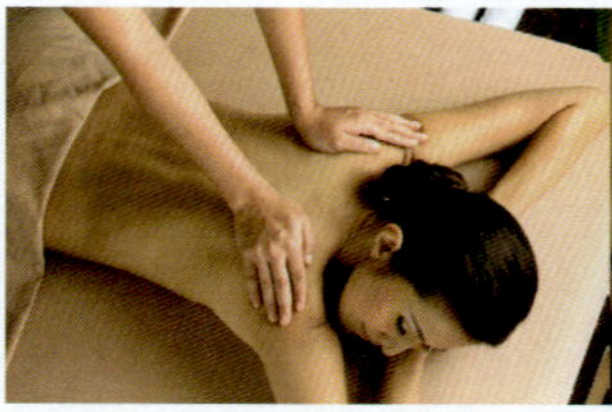

spa
spa

café
咖啡厅

restaurant
餐厅

pub
酒吧

conference room
会议室

business centre
商务中心

**I need a wake-up call at 7:30 tomorrow.**
我要明天早上七点半的叫早服务。

**Can I drink the tap water?**
水龙头的水可以喝吗？

**Can I borrow a hair dryer?**
请问可以借吹风机吗？

**The lock is broken.**
门锁坏了。

**The toilet doesn't flush.**
马桶不能冲。

**Water is leaking from the pipe.**
水管漏水了。

**Please clean the room.**
请清理房间。

**There's a bug in my room.**
我房里有虫子。

**Please change the ______.**
麻烦请更换______。

| towels | bath towels | pillows | pillowcases | bedsheets | bath mat |
| --- | --- | --- | --- | --- | --- |
| 毛巾 | 浴巾 | 枕头 | 枕头套 | 床单 | 浴室地垫 |

- 英国的电压为 230 伏特、50 赫兹，使用英国标准方头三脚插座，所以到英国要记得带转换插头，这样才能使用由中国带过去的电器用品。

**Please tell me how to use the ___.**

请告诉我 ___ 怎么操作。

**The ___ is not working.**

我房间的 ___ 坏了。

**air-conditioner**

空调

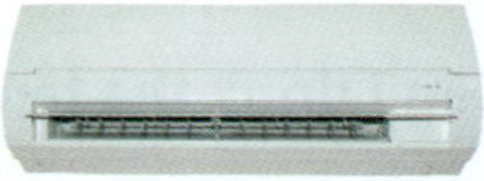

**hair dryer**

吹风机

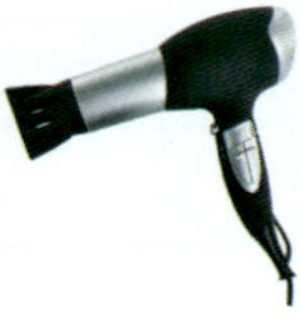

**light**

灯

**TV**

电视

**telephone**

电话

**remote control**

遥控器

**kettle**

热水瓶

**door lock**

门锁

**safe**

保险箱

**fridge**

冰箱

Do you provide ______ ?
你们提供 ______ 吗？

There is/are no ______ in my room.
我的房间没有 ______ 。

**newspapers**
报纸

**blankets**
毛毯

**glasses**
杯子

**tissues**
纸巾

**slippers**
拖鞋

**towels**
毛巾

**soap**
香皂

**shower gel**
沐浴露

**shampoo**
洗发液

**toilet paper**
卫生纸

**toothpaste**
牙膏

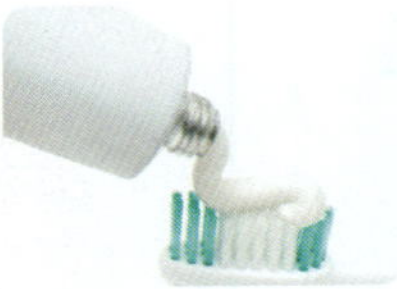

**toothbrushes**
牙刷

**razors**
刮胡刀

We will send it up to you in just a minute.
我们立刻为您送上。

## Having Meals in Your Room 房间内用餐

Can we eat in the room?
我们可以在房里用餐吗？

I need some ice and water.
我需要一些冰块和水。

I'd like breakfast in my room at 8:30 tomorrow morning.
明天早上 八点半 我想在房间用早餐。

My room number is 829 . I'd like to order ____ and ____ .
我住 829 房，请帮我送来 ____ 和 ____ 。

a continental breakfast
一份欧陆式早餐

a full English breakfast
一份全英式早餐

a cup of black tea
一杯红茶

a cup of coffee
一杯咖啡

a glass of orange juice
一杯柳橙汁

## Laundry Service 洗衣服务

| | | |
|---|---|---|
| Do you offer a ____ service?<br>请问你们提供____服务吗? | dry-cleaning<br>干洗 | laundry<br>洗衣 |

How do I ask for laundry service?
请问衣服要怎么送洗?

Just leave your clothing items in the laundry bag and fill out the accompanying form.
请您将衣服放入洗衣袋里，然后填写随附的表格就可以了。

How much does the laundry service cost?
请问送洗费用是多少?

Please refer to the price list.
请参阅价格表。

When can I get my laundry back?
什么时候可以拿回衣服?

Will it be ready by 2:30 ?
两点半 以前可以洗好吗?

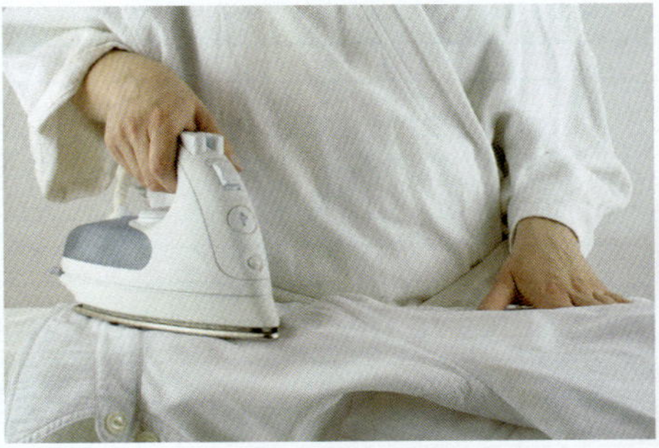

## Other Services 其他服务

Can you post this for me?
请帮我寄这个好吗?

Are there any messages for Room 213 ?
有给 213 号房的留言吗?

# 3 Checking Out
# 退房

096

I would like to check out one day earlier.
我要提前一天退房。

I would like to stay another night.
我想再多住一天。

I'd like to check out. I was in Room 1506, and here's my key.
我要退房，我住 1506 号房，这是我的钥匙。

Can I check out later?
可以晚一点退房吗？

Did you take anything from the fridge?
您取用冰箱内的食物了吗？

There is something wrong with the bill. I didn't ______.
这账单有问题，我没有 ______。

make any external calls
打外线电话

ask for room service
叫客房服务

May I leave my luggage here until 4 p.m.?
请问可以把行李寄放在这里到下午四点吗？

## 小费怎么给？

到英国住宿时基本上是不用给小费的。如果你想给的话，可以把小费放在旅馆房间桌上或是枕头上面都可以。

Part 7

# Dining
# 餐饮

## 1 Before Dining 用餐前

### Types of Restaurants 餐厅种类

097

**Where can I find a(n) ______ restaurant?**

请问哪里有 ______ 餐厅？

**Chinese**
中国料理

**Indian**
印度料理

**Japanese**
日本料理

**breakfast**
早餐

**steak**
牛排

**Thai**
泰式

**American**
美式

**vegetarian**
素食

## Reserving a Table 订位

**I'd like to book a table for two (people) at six ____.**

我要订 ____ 六点，两个人的位子。

| tonight | this Friday | on Saturday night |
|---|---|---|
| 今天晚上 | 这个星期五 | 星期六晚上 |

**I'm sorry, but we are full at that time. Could you make it at eight ?**

很抱歉，该时段都客满了，您要不要改成 8 点 ？

**All right. We'll be there at eight .**

好吧，那就 8 点 吧。

**I'm afraid we can't. We'll come again.**

那不用了，我们下次再来。

## In a Restaurant 在餐厅

**Are you serving ____ now?**

你们现在供应 ____ 吗？

| breakfast | lunch | dinner | afternoon tea |
|---|---|---|---|
| 早餐 | 午餐 | 晚餐 | 下午茶 |

到英国的餐厅消费时，有些餐厅会直接把服务费（service charge）写在账单里。账单若不包括服务费，一般都要给账单总额的 10% ~ 15% 当做小费。在结账时，要记得检查账单，以免重复给小费或是漏给小费。

I booked a table for five people at twelve.

我订了 12 点 五 个人的位子。

We haven't booked.

我们没有订位。

Have you got a table for two?

有 两 个人的位子吗？

All our tables are full now.

目前都客满了。

All right. We'll wait.

好吧，我们等等。

How long do we have to wait?

请问要等多久？

At what time do you think our table will be ready?

我们大概要几点才会有位置呢？

Just a second.

稍等一下，马上就有位子。

About 40 minutes. We have quite a long queue at the moment.

大约要 40 分钟，目前还有很多人在排队。

100

Can we have a table ____?
我们可以选 ____ 的位子吗？

in the non-smoking area
禁烟区

in the smoking area
吸烟区

by the window
窗边

in a separate room
包厢

Your table is ready. Please come with me.
有位子了，请跟我来。

What is the minimum charge per person?
每个人的最低消费是多少？

How about sitting at the bar?
你们愿意坐在吧台吗？

Smoking or non-smoking?
吸烟区还是禁烟区？

## 英国餐厅瞧一瞧！

1. Carluccio's
连锁意大利餐厅
(cc by Paul Robertson)

2. Browns
贩卖英式传统美食
(cc by Stephen McKay)

3. Veeraswamy
英国古老的印度餐厅
(cc by stephenrwalli)

4. La Tasca
连锁西班牙餐厅
(cc by Betty Longbottom)

5. Nando's
葡萄牙烤鸡餐厅
(cc by Colin Kinnear)

6. Pret a Manger
连锁三明治店
(cc by Basher Eyre)

# 2 Ordering Food 点餐

## Ordering Food 点餐

| May I have a ____, please? 请给我 ____。 | menu 菜单 | wine list 酒水单 |
| --- | --- | --- |

| Have you got a/an ____ menu? 有没有 ____ 菜单? | Chinese 中文 | Japanese 日文 |
| --- | --- | --- |

**Are you ready to order now, or should I come back in a moment?**
您要现在点餐还是稍后再点?

**We would like to order now.**
我们要点餐。

**A moment more, please.**
再等一下。

**This is my first time here. Could you help me to order?**
这是我第一次来，可以请你帮忙点吗?

**What is the difference between this and this?**
这个和这个有什么不同?

| | |
|---|---|
| **Have you got ___?**<br>你们有___吗？ | **Italian-style dressing**<br>意大利油醋酱 |

| | | |
|---|---|---|
| **Caesar dressing**<br>凯撒酱 | **French dressing**<br>法式酱 | **Japanese-style sauce**<br>日式酱 |

**thousand island dressing**
千岛酱

**yogurt sauce**
酸奶汁

**Please bring me ___.**
请给我___。

**some water**
一些水

**some tea**
一些茶

**some ice**
一些冰块

**some more sauce**
更多酱料

## 英式餐桌礼仪

1. 身体要坐直，手肘不可放在桌面。
2. 就座后将餐巾展开放在膝上。
3. 用手拿取面包，撕成小片来吃。
4. 咀嚼时不可发出声音，喝汤也不可以发出吸的声音。
5. 喝咖啡或茶时，应该用右手拿杯把，左手端垫碟。

a fork

叉子

a straw

吸管

a knife

刀子

toothpicks

牙签

a spoon

汤匙

floss toothpick

牙线棒

a bowl

碗

dental floss

牙线

a plate

盘子

napkins

餐巾纸

a glass

杯子

chopsticks

筷子

a wine glass

酒杯

a soup spoon

中式汤匙

# 3 Making Complaints 抱怨

104

## About the Service 抱怨服务不周

**I've been waiting for a long time, but nobody has come to serve me.**
我已经等了很久，但一直没有人来招呼我。

**This is not my order.**
这不是我点的餐。

**I am still waiting for my food.**
我还在等我的餐点。

**Please cancel my order if the food is not ready.**
我的餐点还没好的话，就把它取消吧。

**I have a small problem.**
我有点小问题。

**Your staff member was rude.**
你的工作人员很没礼貌。

## About the Tableware 抱怨餐具

**This ____ is dirty.**
这个 ____ 好脏。

| fork | plate | bowl | cup/glass | tablecloth | table |
|---|---|---|---|---|---|
| 叉子 | 盘子 | 碗 | 杯子 | 桌布 | 桌子 |

| | |
|---|---|
| This is ____.<br>这个____。 | cracked<br>裂开了 |

| | | | |
|---|---|---|---|
| chipped<br>有缺口 | blunt<br>钝掉了 | bent<br>弯掉了 | dirty<br>是脏的 |

About the Food 抱怨食物

| | | |
|---|---|---|
| This is ____.<br>这个____。 | sour<br>酸掉了 | raw<br>还是生的 |

| | | | |
|---|---|---|---|
| cold<br>是冷的 | lukewarm<br>不够热 | tasteless<br>没味道 | too salty<br>太咸了 |
| too spicy<br>太辣了 | too soft<br>太软了 | too hard<br>太硬了 | runny<br>水水的 |
| undercooked<br>没熟 | overcooked<br>太老了 | dry<br>干干的 | tough<br>咬不动 |

There is a bug in my soup.
我的汤里面有一只虫子。

| It's ____ in here. 这里 ____。 | very cold 好冷 | too hot 太热了 |
|---|---|---|

| stifling 很闷 | very gloomy 好暗 | noisy 很吵 | smelly 臭臭的 |
|---|---|---|---|

More Useful Sentences

Our table was in a very poor position.
我们的位子不好。

Could you move me to another table?
可以帮我换座位吗？

The people at the next table are making too much noise.
隔壁桌的客人实在太吵了。

The music is too loud.
音乐声太大了。

The toilets are quite dirty.
洗手间很脏。

There's no toilet paper in the toilets.
洗手间没有卫生纸了。

Your air-conditioner doesn't seem to be working.
你们的空调好像坏了。

# 4 Fast Food 快餐

在英国，麦当劳（Mcdonalds）、汉堡王（Burger King）、肯德基（KFC）、必胜客（Pizza Hut）等连锁快餐餐厅也都普遍可见。

## Ordering Fast Food 点餐

| | | |
|---|---|---|
| I'll have a number 2, please.<br>我要 2 号餐。 | To eat in.<br>堂食。 | To go./Take away.<br>外带。 |
| ____ and ____, please.<br>我要点 ____ 和 ____。 | corn soup<br>玉米浓汤 | a cheeseburger<br>吉士汉堡 |

| | | | |
|---|---|---|---|
| a hamburger<br>牛肉堡<br> | a chicken burger<br>鸡肉堡 | fish fingers<br>炸鱼条<br> | bagel with jam<br>果酱贝果(百吉饼)<br> |
| a milk shake<br>一杯奶昔 | a glass of Coke<br>一杯可乐 | a cup of coffee<br>一杯咖啡 | a glass of organic milk<br>一杯有机牛奶 |
| fried chicken<br>炸鸡 | chips<br>薯条 | onion rings<br>洋葱圈 | chicken nuggets<br>鸡块 |
| grilled chicken salad<br>炭烤鸡肉沙拉 | strawberry sundae<br>草莓圣代 | an apple pie<br>苹果派 | cheese bites<br>芝士块 |

| More ____, please. | No ____, please. |
| --- | --- |
| ____ 多一点。 | 我不要加 ____。 |

lettuce
生菜

cheese
芝士

mustard
芥末酱

onions
洋葱

tomatoes
番茄

| mayonnaise | tomato sauce | pepper | pickles |
| --- | --- | --- | --- |
| 美乃滋 | 番茄酱 | 胡椒粉 | 酸黄瓜 |
|  |  |  |  |

I'd like some ______.
我要______。

tomato sauce
番茄酱

mustard
芥末酱

barbecue sauce
烤肉酱

honey
蜂蜜

sweet and sour sauce
糖醋酱

I'd like a ______ cup, please.
我要______杯。

regular
普通杯

large
大杯

medium
中杯

small
小杯

Where can I get ______?
哪里有______?

a straw
吸管

some napkins
餐巾纸

That's all.
我点这些就够了。

May I get a refill?
可以续杯吗?

Can I sit here?
我可以坐这里吗?

# 5 Common Foods 常见餐点

110

伦敦有许多不同种类的餐厅，中东食物或是印度等异国料理在英国也很盛行，所以你想吃哪个国家的食物基本上都可以吃得到，只是价格都不便宜。如果想念中餐的话，可以到伦敦的中国城（Chinatown）吃吃中餐。

另外，英国的街道上林立着小酒馆，那是英国人下班后放松的好去处，小酒馆里也卖一些低热量食品。

## General 一般餐点

**Where can I get some/a ______?**

哪里可以买得到______？

**steak**

牛排

**salad**

沙拉

**burger**

汉堡

**fish and chips**

炸鱼薯条

**pasta**

意大利面

**pizza**

比萨

**ramen**

拉面

**bread**

面包

**cake**

蛋糕

**ice cream**

冰激凌

**I love ______.**
我爱吃 ______。

**I don't eat ______.**
我不吃 ______。

**beef**
牛肉

**pork**
猪肉

**lamb**
羊肉

**cod**
鳕鱼

**chicken**
鸡肉

**crab**
蟹

**shrimp**
虾

**oysters**
牡蛎

**lobster**
龙虾

**octopus**
章鱼

**clams**
蛤蜊

**I'll have a glass/cup of ______.**

我要一杯 ______。

**Where can I get some ______?**

哪里可以买得到 ______？

**ice tea**

冰茶

**tomato juice**

番茄汁

**mixed fruit juice**

混合果汁

**orange juice**

柳橙汁

**smoothie**

鲜果奶昔 / 沙冰 / 思慕雪

**mint tea**

薄荷茶

**camomile tea**

甘菊茶

**espresso**

意式咖啡

**cappuccino**

卡布奇诺

**caffè latte**

拿铁咖啡

**Coke**

可乐

**fizzy drink**

汽水

**milk**

牛奶

**tea**

茶

**black tea**

红茶

**fruit tea**

水果茶

**scented tea**

花茶

**green tea**

绿茶

**mineral water**

矿泉水

I'll have a (glass of) ______.
我要一杯 ______。

cocktail
鸡尾酒

Where can I get some/a ______?
哪里可以买得到 ______?

vodka
伏特加

What brand would you like?
您要哪个牌子?

What is it like?
它是什么味道?

Do you have something to eat?
你们有什么下酒菜吗?

What lagers do you have on tap?
你们供应哪些窖藏啤酒?

Another one, please.
请再给我一杯。

## 英国的酒馆(pub)

在英国，不论多么乡下的地方都会有酒馆营业。大多数酒馆在晚上都会有 pub food 供应。典型的酒馆有两个出入口，一个是设有飞镖靶或撞球台的房间，另一个是摆有桌椅的休息室。

单点啤酒时，若只说“Beer, please.”是买不到啤酒的，因为他们卖的种类很多。举例来说：

| | | |
|---|---|---|
| lager 淡啤酒 | stout 烈性黑啤酒 | porter 爱尔兰黑啤酒 |
| ale 麦芽啤酒 | bitter 苦味啤酒 | shandy 啤酒加柠檬水 |

啤酒的单位为 pint(品脱)，一品脱等于 474 c.c.，点酒时还可以说：

A pint of lager, please. 大杯的淡啤酒。
A half pint of lager, please. 小杯的淡啤酒。

英式早餐是英国饮食文化很重要的一部分。一顿丰盛的英式早餐，包括烤番茄、蛋、香肠、咸肉、麦片、茄汁黄豆等菜肴。还可以搭配面包、果酱等其他食物。

**I'll have ______.**

我要 ______。

**Where can I get ______?**

哪里可以吃到 ______？

**bacon**

培根

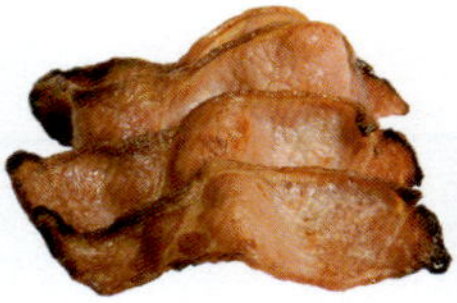

**sausage**

英式香肠

**fried eggs**

煎蛋

**hash browns**

薯饼

**grilled tomatoes**

烤番茄

**baked beans**

茄汁黄豆

**fried mushrooms**

炸蘑菇

**toast**

烤面包

**jam**

果酱

**orange juice**

柳橙汁

**black tea**

红茶

**coffee**

咖啡

**croissant**

可颂

**Danish pastry**

丹麦面包

**kippers**

煎鲭鱼

## Scottish breakfast 苏格兰式早餐

传统的苏格兰式早餐除了英式早餐的内容外，还可能出现：

**porridge**

燕麦粥

**potato hash**

薯片

**haggis**

苏格兰式香肠

**potato scones**

马铃薯烤饼

**black pudding**

黑血肠

**white pudding**

白香肠（形状似黑血肠，未加入猪血，主要由猪脂肪和燕麦制成）

## Welsh breakfast 威尔士式早餐

传统的威尔士式早餐除了英式早餐所介绍的内容外，还可能出现：

**laverbread**

紫菜酱

(cc by Girl Interrupted Eating)

**cockles**

鸟蛤

## 英国人的下午茶（Teatime）

英国人热爱喝茶，在一天工作繁忙之余，总会停下来喝杯下午茶。下午茶的时间大概是从每天的下午三点到五点左右。英国人喝下午茶，讲究茶的品质，也重视茶具的使用。正式的下午茶点心通常有三层：三明治（sandwich）、英国传统点心松糕（scone）、蛋糕（cake）和水果塔（tart）是基本班底，吃点心的顺序是由下往上吃，口味由咸而甜。

| | |
|---|---|
| I'll have ______. 我要______。 | Yes. 有。 |
| Have you got ______? 你们有______吗？ | No. 没有。 |

**tomato soup**
番茄汤

**borsch**
罗宋汤

**sweetcorn soup**
玉米浓汤

**mushroom soup**
蘑菇汤

**a prawn cocktail**
鲜虾盅

**smoked salmon**
熏鲑鱼

**oysters**
牡蛎

**mashed potato**
马铃薯泥

**a baked potato**
烤马铃薯

a green salad

生菜沙拉

a Caesar salad

凯撒沙拉

a crabmeat salad

蟹肉沙拉

a chicken salad

鸡肉沙拉

lamb chops

羊小排

a sirloin steak

沙朗牛排

a filet mignon

菲力牛排

a T-bone steak

丁骨牛排

roast chicken

烤鸡

a fish filet

鱼排

a German pork knuckle

德国猪脚

pork ribs

猪肋排

| | |
|---|---|
| I'll have ____. 我要____。 | Yes. 有。 |
| Have you got ____? 你们卖____吗？ | No. 没有。 |

**cheese cake**
芝士蛋糕

**strawberry cake**
草莓蛋糕

**chocolate cake**
巧克力蛋糕

**a crème caramel**
焦糖布丁

**a tiramisu**
提拉米苏

**a muffin**
杯状小松糕 / 玛芬

**a chocolate mousse**
巧克力慕斯

**a trifle**
酒浸果酱松糕

| pancakes | a Danish pastry | scones |
|---|---|---|
| 薄煎饼 | 丹麦面包 | 松糕 |
|  |  |  |

| a crème brûlée | a soufflé | rice pudding |
|---|---|---|
| 烤布蕾 | 舒芙蕾 | 米布丁 |
|  |  |  |

## Seasoning 调味料

**May I have some ______?**
我要一些______。

**sugar**
糖

**vinegar**
醋

**pepper**
胡椒

**salt**
盐

**soy sauce**
酱油

**Worcestershire sauce**
辣酱油 / 伍斯特沙司

| | |
|---|---|
| I'll have 2 ____. <br> 我要 2 个 ____。 | 1 pound each. <br> 一个 1 英镑。 |
| How much? <br> 怎么卖？ | 2.99 per kilogram. <br> 每公斤 2.99 英镑。 |

**apple(s)**
苹果

**damson(s)**
布拉斯李子

**banana(s)**
香蕉

**cherries**
樱桃

**watermelon(s)**
西瓜

**cantaloupe(s)**
哈密瓜

**pear(s)**
梨

**blueberries**
蓝莓

**raspberries**
覆盆子

**mango(es)**
芒果

**blackberries**
黑莓

**grapes**
葡萄

**peach(es)**
水蜜桃

**pineapple(s)**
凤梨，菠萝

**kiwi fruit(s)**
猕猴桃

**gooseberries**
醋栗

**strawberries**
草莓

**tomato(es)**
番茄

**lemon(s)**
柠檬

**redcurrants**
红醋栗

**lime(s)**
酸橙

**grapefruit(s)**
葡萄柚

**passion fruit(s)**
百香果

**blackcurrants**
黑醋栗

**plum(s)**
李子

英国的传统料理，以烤牛肉和一种用奶油泡芙裹皮的约克郡布丁（Yorkshire pudding）最为有名。常见的美食就是炸鱼薯条（fish & chips），搭配盐巴和黑醋最地道。

I'll have a/an/some ______.
我要______。

Where can I get ______?
哪里可以吃到______？

**bangers and mash**
奶油薯泥佐煎香肠

**Yorkshire pudding**
约克郡布丁

**black pudding**
黑血肠
（用猪血、乳脂以及谷粒制成）

**Welsh rarebit**
威尔士乳酪面包
（加热干乳酪，并添加香料涂抹在面包上）

(cc by Ewan-M)

**mulligatawny soup**
咖喱肉汤

**oysters**
生蚝／牡蛎

**haggis**

苏格兰羊杂碎肚

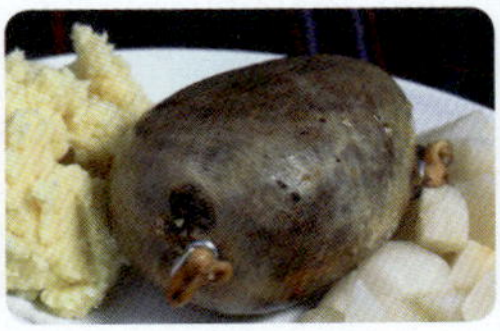

**Lancashire hot pot**

兰开夏郡火锅

（羊肉和洋葱，
上面放一层马铃薯）

**Irish stew**

爱尔兰炖肉

（牛肉或羊肉，配上
马铃薯等蔬菜）

**roast beef**

烤牛肉

**Cullen skink**

苏格兰鲜鱼浓汤

**chicken à la king**

皇家奶油鸡

**shepherd's pie**

牧羊人馅饼

**toad-in-the-hole**

蟾蜍在洞

（将香肠放入约
克郡布丁糊中烤）

**scones**

松糕

**fish & chips**

炸鱼薯条

**Cornish pasty**

康瓦尔肉派

**crumpets**

小圆烤饼

**bubble and squeak**

马铃薯菜肉煎饼

**BLT**
**(bacon, lettuce, tomato)**

三明治

**steak and kidney pie**

牛排腰子派

**trifle**

酒浸果酱松糕

**fish pie**

英式焗烤鱼

**pork pie**

猪肉派

**mince pie**

百果馅饼

（英式传统点心，庆祝耶稣出生的糕点）

**rock cake**

石头蛋糕

（表面粗硬的英式传统点心）

**shortbread**

牛油甜酥饼

（牛油、面粉和糖等制成的苏格兰饼干）

# Part 8

# Shopping (1)

# 购物 (1)

## 1 Going Shopping 购物

### Looking for a Shop 寻找商店

127

**Is there a ____ around here?**
请问这附近有 ____ 吗？

**shopping centre**
购物中心

**department store**
百货公司

**chemist's**
药店

**flea market**
跳蚤市场

**beauty shop**
美容用品店

**supermarket**
超市

**bookshop**
书店

**corner shop**
便利商店

**bakery**
面包店

**florist**
花店

**brand shop**
精品店

**grocer's**
杂货店

**market**
市场

128

**Where is a good place to shop for ______?**

哪里是购买______的好去处？

| | |
| --- | --- |
| souvenirs | 纪念品 |

mobile phones
手机

cosmetics
化妆品

shoes
鞋子

tea
茶叶

tea pots
茶壶

DVDs and CDs
DVD 和 CD

jewellry
珠宝

watches
手表

clothes
衣服

antiques
古董

stationery
文具

umbrellas
雨伞

second-hand goods
二手商品

electronic goods
电器用品

sports goods
运动用品

# 购物中心

**High Street** （购物街）
通常位于大都市的繁华地区，整条街道商家林立，大多为零售商店。

**Outlet** （工厂直销店 / 奥特莱斯）
OUTLET 集合了各种零售商，家具、服饰、包包、鞋子、珠宝首饰等应有尽有。英国知名的 OUTLET 有 Burberry Factory Outlet 和 Oaks Designer Outlet 等。

**Department Store**（百货公司 / 商场）
售卖各式各样的商品，商店都位于同一栋建筑物内，依照商品的性质分布楼层，消费者可以在百货公司内购买到各种产品。英国知名的百货公司有 Harrods、Selfridge、Fenwick 等。

**Shopping Centre** （购物中心）
英国知名的购物中心有 Brent Cross、Trafford Centre、Victorian & Edwardian Arcades 等，提供消费者吃吃喝喝、购物、娱乐一处解决的场所。

129

**What are their business hours?**

营业时间是什么时候?

(cc by Ian Thomson)

**How can I get to MARKS&SPENCER ?**

玛莎百货 要怎么去?

**You can go there by taxi.**

你可以搭出租车去。

**You can go there by bus/shuttle bus. Let me write it down for you.**

你可以搭公交车/接驳车（摆渡车）去，我写给你看。

## 退税

英国的货品通常内含货物增值税 VAT ( Valued Added Tax ) 。如果你在标示有 Tax Free Shopping 的商店消费，就可以享有退税。每家店都有不同的退税最低消费金额，所以你必须消费到该店的最低下限，才能请商家开立退税证明。在出境时，前往退税柜台办理退税。

# 2 Items for Daily Use
# 日用品

I need to buy some ____.
我要买一些____。

Do you sell ____.
你们有没有卖____？

**dental floss**
牙线

**mouthwash**
漱口水

**toothpaste**
牙膏

**toothbrushes**
牙刷

**razors**
刮胡刀

**umbrellas**
雨伞

**bath gel**
沐浴液

**deodorant**
止汗剂

**tissues**
纸巾

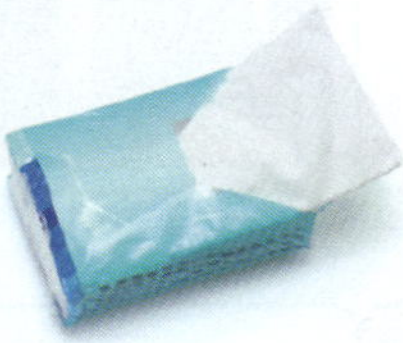

**shampoo**
洗发水

**hair conditioner**
润发乳

**sanitary towels**
卫生巾

**tampons**
卫生棉条

**disposable rain coats**
一次性雨衣

In which aisle can I find the ____?
请问哪一条走道可以找到____？

# 3 Clothes and Shoes 衣服与鞋子

131

## Looking for an Item 寻找商品

| I am looking for (a) ______. | Can I see the ______(s)? |
|---|---|
| 我想找______。 | 我想看看______。 |

jacket
夹克

shirt
衬衫

T-shirt
T 恤

coat
外套

jumper
<英>女套衫

skirt
裙子

hat
帽子

formal dress
正装

shorts
短裤

blouse
上衣

frock
女式礼服

cap
棒球帽

| trousers | jeans | bathing costume | socks |
| --- | --- | --- | --- |
| 裤子 | 牛仔裤 | 泳装 | 袜子 |
|  |  |  |  |

**Show me that, please.**
请给我看那件。

**Is this the latest fashion?**
这是最新的款式吗？

**Where was it/were they manufactured?**
这是哪里制造的？ / 产地是哪儿？

**Can it be machine-washed?**
这件可以机洗吗？

**Have you got a plainer one?**
你们有素一点的吗？

**Have you got a less expensive one?**
你们有便宜些的吗？

133

## Colour 颜色

| What colour does it come in? | Have you got ____ ones? |
|---|---|
| 有什么颜色? | 有没有 ____ 色? |

| | | | | |
|---|---|---|---|---|
| pink<br>粉红 | orange<br>橘 | yellow<br>黄 | green<br>绿 | light blue<br>浅蓝 |
| dark blue<br>深蓝 | grey<br>灰 | black<br>黑 | red<br>红 | purple<br>紫 |
| gold<br>金 | silver<br>银 | white<br>白 | brown<br>棕 | khaki<br>卡其 |
| camel<br>驼色 | olive green<br>橄榄绿 | ivory<br>象牙白 | cream<br>奶油 | turquoise<br>蓝绿 |

This colour ______.
这个颜色 ______。

is too plain
太素

is too gaudy
太俗气

is too showy
太艳丽

is quite attractive
很漂亮

makes you look younger
让你看起来更年轻

looks good on you
很适合你

suits your complexion
很衬你的肤色

## Materials 材质

What is this made of?
请问这是什么料子？

Synthetic fabric.
人造纤维。

Wool.
羊毛。

Leather.
皮革。

Silk.
丝。

Cotton.
棉质。

Polyester.
聚酯纤维。

Flax.
亚麻布。

Down.
羽绒。

Fur.
毛皮。

**What sort of leather is this/are these made from?**

这是什么皮做的？

**Chamois leather.**

鹿皮。

**Snakeskin.**

蛇皮。

**Crocodile skin.**

鳄鱼皮。

**Artificial leather.**

人造合成皮。

**Calfskin.**

小牛皮。

**Sheepskin.**

羊皮。

## Sizes 尺寸

**I am not sure what size I would wear here.**

我不确定我在这里要穿几号的。

**Can I try it on?**

请问可以试穿吗？

**Where are your fitting rooms?**

试衣间在哪里？

What size is this?
这是什么尺寸的？

What is your size?
请问您穿几号？

Could you please measure me?
可以请你帮我量一下吗？

Where's the mirror?
镜子在哪里？

May I try on these ______?
可以试穿这双 ______ 吗？

boots
靴子

trainers
运动鞋

high-heels
高跟鞋

sandals
凉鞋

wellington boots
雨鞋

golf shoes
高尔夫球鞋

flip-flops
人字拖

leather shoes
皮鞋

snow boots
雪地靴

canvas shoes
帆布鞋

jogging shoes
慢跑鞋

slippers
室内拖鞋

This is/These are too ______.

这件／双太 ______ 了。

| large | small | short | long | tight | loose |
|---|---|---|---|---|---|
| 大 | 小 | 短 | 长 | 紧 | 松 |

It doesn't fit.

这（件）不合身。

This is just my size.

这（件）我刚好可以穿。

Do you make alterations?

可以帮我修改吗？

What does it cost to alter it?

修改费用是多少？

## Words and Phrases 单词和短语

| chest measurement | waistline | buttocks |
|---|---|---|
| 胸围 | 腰围 | 臀围 |

| small | medium | large | extra-large |
|---|---|---|---|
| 小号 | 中号 | 大号 | 特大号 |

## Others 其他

**How do I store this dress?**
这件礼服要怎么收纳？

**We only have this colour.**
只有这种颜色。

**I think I'll pass this time.**
这次就先不买了。

**I will take it.**
我就买这个。

**I want to think about it.**
我考虑一下。

**Our other colours are not in stock right now.**
其他的颜色目前缺货。

**It looks fine, but I don't like the colour.**
这看起来很好，但是我不喜欢它的颜色。

在伦敦的牛津街（Oxford Street）或是摄政街（Regent Street）有许多小商店，英国的商店一般营业到晚上六点或八点，周末或是假日时营业时间可能会短些。

除了知名的 Harrods、Selfridge、House of Fraser 等百货公司外，你也可以到市集去采买一些小玩意儿和纪念品，说不定可以淘到宝贝。英国知名的市集有 Covent Garden（科芬园）、波多贝罗市集（Portobello Market）和肯顿市集（Camden Lock Market），这两个地方都是将购物与旅游相结合的知名旅游景点。到英国买纪念品时，不要错过了 Burberry 的产品、Whittard 的花茶和茶杯、Cashmere（克什米尔）的毛衣。

**Can I wash it in a washing machine?**

可以用洗衣机洗吗？

**Yes, you can.**

可以用洗衣机洗涤。

**It needs to be hand-washed.**

要用手洗。

**It needs to be dry-cleaned.**

需要干洗。

**Iron (using High heat setting)**

高温熨烫

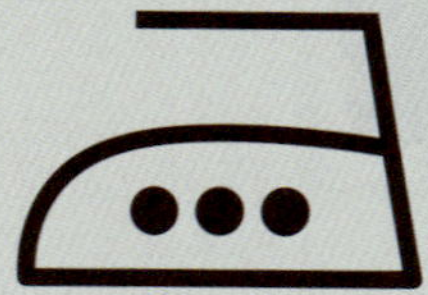

**Do not bleach**

不可漂白

**Do not dry clean**

不可干洗

**Tumble (dry on Medium heat setting)**

中温烘干

Part 9

# Shopping (2)

# 购物（2）

## 1 Stationery 文具

140

| Do you sell ______? | Where can I get some ______? |
| --- | --- |
| 你们有没有卖______? | 哪里卖______? |

| pens | pencils | scissors | notebooks |
| --- | --- | --- | --- |
| 笔 | 铅笔 | 剪刀 | 笔记本 |
|  |  |  |  |

| glue | paper clips | file holders | highlighters |
| --- | --- | --- | --- |
| 胶水 | 回形针 | 资料夹 | 荧光笔 |
| 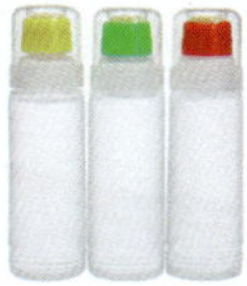 |  |  |  |

| sellotape | pencil cases | bookmarks | envelopes |
| --- | --- | --- | --- |
| 胶带 | 铅笔盒 | 书签 | 信封 |

# 2 Jewellry and Accessories
# 珠宝与配件

141

## Looking for an Item 寻找产品

I am looking for a/some ____?
我想找____。

Can I see that/those ____?
我可以看看那个/些____吗?

**brooch**
胸针

**necklace**
项链

**ring**
戒指

**wedding rings**
结婚对戒

**clip-on earrings**
夹式耳环

**earrings**
针式耳环

**bracelet**
手链

**pearl necklace**
珍珠项链

**hair clips**
发夹

**sunglasses**
太阳镜

**tie**
领带

**tie clip; tie bar**
领带夹

**gloves**
手套

**belt**
腰带
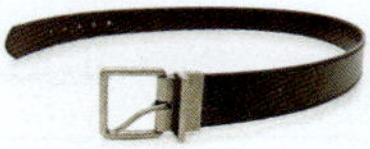

**scarf**
围巾

**suitcase**
行李箱
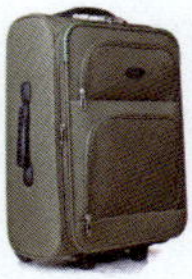

**shoulder bag**
肩包

**handbag**
手提包

**wallet**
皮夹

**backpack**
背包

## Materials 材质

**I'd like to see a/some ____ ring/necklace/bracelet/earrings.**
我想找 ____ 戒指／项链／手链／耳环。

**diamond**
钻石

**platinum**
铂金

**pearl**
珍珠

**gold**
金

**silver**
银

**sapphire**
蓝宝石

**ruby**
红宝石

**emerald**
绿宝石

**citrine**
黄水晶

**amethyst**
紫水晶

**amber**
琥珀

**jade**
玉

## More Useful Sentences

Have you got a bracelet that costs around £ 50 ?
请问有 50 英镑左右的 手链 吗？

What kind of stone is this?
这是什么宝石？

Where is the stone from?
这宝石的产地是哪里？

Is it genuine?
这是真的吗？

Are there any other patterns?
有别的样式吗？

Could you please measure my ring finger?
请问可以帮我量无名指的指围吗？

Is this a real diamond?
这是真钻吗？

May I try it on?
我可以试戴吗？

May I see the ring in this case?
我可以看盒子里的戒指吗？

What size is this ring?
这枚戒指是几号的？

How many karats is this gold?
这是几 K 金的？

It's 18-karat gold.
18K 金。

Does it come with authentication?
有鉴定书吗？

## Watches 手表

**Can I see some ____ watches?**
可以看 ____ 表吗？

| | | |
|---|---|---|
| women's<br>女用 | men's<br>男用 | his-and-hers<br>对 |

**Does this watch have a(n) ____ function?**
这表有 ____ 功能吗？

| | | | |
|---|---|---|---|
| timer<br>计时 | anti-shock<br>防震 | alarm<br>闹铃 | second timer<br>秒表 |
| calendar<br>日历 | power saving<br>省电 | low temperature resistance<br>耐低温 | |
| world city time<br>世界城市时间 | snooze button<br>小睡按钮 | | |

**Is this watch ____?**
这表有 ____ 吗？

| | |
|---|---|
| waterproof<br>防水 | luminous<br>夜光 |

**Does this watch have a changeable wrist band?**
这块表可以换表带吗？

# 3 Cosmetics 化妆保养品

145

## Looking for an Item 寻找产品

| I am looking for a/an/some ____? | Can I see that ____? |
| --- | --- |
| 我想找____。 | 我可以看看那个____吗? |

**foundation**
粉底

**compact foundation**
粉饼

**eye shadow**
眼影

**mascara**
睫毛膏

**lipstick**
唇膏

**blusher**
腮红

**lip gloss**
唇蜜

**loose powder**
蜜粉

**nail polish**
指甲油

**eyebrow pencil**
眉笔

**liquid eyeliner**
眼线液

**concealer**
遮瑕膏

**lotion**
化妆水／乳液

**face cream**
面霜

**sunscreen**
防晒霜

**facial cleanser**
洗面乳

**facial mask**
面膜

**eye cream**
眼霜

**lip moisturizer**
护唇膏

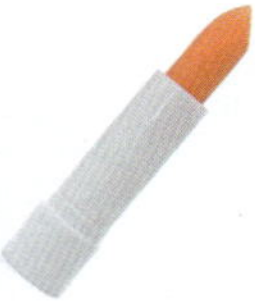

**after-sun lotion**
晒后乳液

**facial scrub**
脸部去角质霜

**Is there any particular brand you have in mind?**

请问您有没有特别想买哪个品牌？

**I suggest that you try this new product from ＿＿.**

那我建议您可以试试这款＿＿的新产品。

|  |  |
| --- | --- |
| THE BODY SHOP | 美体小铺 |
| Crabtree & Evelyn | 瑰珀翠 |
| Boots | 博姿 |
| William Heskith Lever | 联合利华 |
| Lush | 露丝 |
| RIMMEL | 瑞美尔 |

Shiseido

资生堂

CHANEL

香奈儿

Christian Dior

迪奥

Lancôme

兰蔻

Estee Lauder

雅诗兰黛

Sisley

希思黎

Kanebo

佳丽宝

| What is your skin type? | My skin is ____. |
| --- | --- |
| 请问您是哪种肤质? | 我是 ____ 肤质。 |

| normal | oily | dry | sensitive | mixed |
| --- | --- | --- | --- | --- |
| 中性 | 油性 | 干性 | 敏感性 | 混合性 |

**Which product can help ____?**

哪一种产品可以 ____?

| clear up pimples | clear up acne |
| --- | --- |
| 治痘痘 | 去粉刺 |

| lighten freckles | cover my freckles | maintain moisture |
| --- | --- | --- |
| 淡斑 | 遮盖雀斑 | 保湿 |

## Words and Phrases 单词和短语

| freckle | wrinkle | pimple | dark circle |
| --- | --- | --- | --- |
| 雀斑 | 皱纹 | 痘痘 | 黑眼圈 |

## More Useful Sentences

**How do I use this product?**
这产品要怎么用？

**I want a brighter colour.**
我想要亮一点的颜色。

**What colours do you like?**
请问您要什么颜色？

**This colour doesn't suit me.**
这个颜色不适合我。

**Have you got the latest lipstick from CHANEL?**
请问你们有 香奈儿 最新出的 口红 吗？

**What's the difference between these two mascaras?**
请问这两款 睫毛膏 有什么不同？

**Can I try this on and see how it looks?**
请问可以试用这个吗？

**Here is the tester. Try it.**
这里有试用品，您可以试试看。

**This product moisturizes at the same time.**
这一款口红的滋润度很好。

## Perfume 香水

| I like ___ scents. | This perfume has a ___ scent. |
|---|---|
| 我喜欢 ___ 味。 | 这瓶香水是 ___ 的味道。 |

| musky | woody | floral | fruity |
|---|---|---|---|
| 麝香 | 木质香 | 花香 | 果香 |
| **rose** | **citrus** | **strong** | **light** |
| 玫瑰 | 柑橘香 | 浓烈的 | 淡淡的 |

**Which perfume do you sell the most of?**
哪一款香水卖得最好？

**Can I try this bottle of perfume?**
可以试喷这瓶香水吗？

**How many millilitres are there in this container?**
这瓶香水是多少毫升？

## Words and Phrases 单词和短语

| cologne | top note |
|---|---|
| 古龙水 | 前味 |
| **middle note** | **base note** |
| 中味 | 后味 |

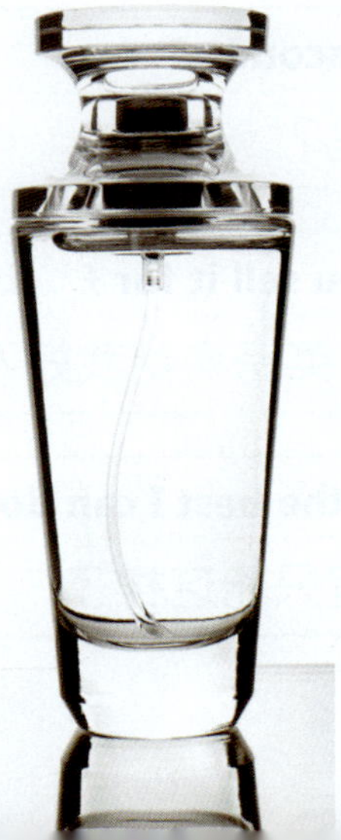

# 4 At the Cashier 结账

151

## Making a Bargain 讲价

How much is this?
这个多少钱？

How much for three ?
三 个多少钱？

The price is marked on the price label.
价格标示在标签上。

Is there a discount for five ?
买 五 个有折扣吗？

Any discounts?
打折吗？

It's too pricey.
太贵了。

Can you sell it for £ 10 ?
10 英镑卖给我好不好？

Our prices are fixed.
我们这里是一口价。

That's the best I can do.
最便宜只能这样了。

That's very cheap.
很便宜。

## Settling the Bill 结账

**Where do I pay?**
请问要在哪里结账？

**How much is it in total?**
总共多少钱？

**I think there is a mistake.**
我觉得钱好像算错了。

**Excuse me, but what is this for?**
请问，这是什么费用？

**Separate bills, please.**
我们要分开算。

**It comes to £ 5 .**
总共 5 英镑。

**I'd like the receipt.**
麻烦开收据。

**Keep the change.**
不用找零了。

**You gave me the wrong change.**
你找的钱不对。

**I'll take this.**
我要这一个。

**Could you check it again?**
请帮我再算一次。

| How would you like to pay? 您要怎么付款? | Can I pay ____ ? 可以 ____ 吗? |
|---|---|

by card

刷卡

by traveller's cheque

用旅行支票

in Euros

付欧元

## Wrapping 包装

Could you please use bubble wrap to protect it?

可以用泡泡纸包起来吗?

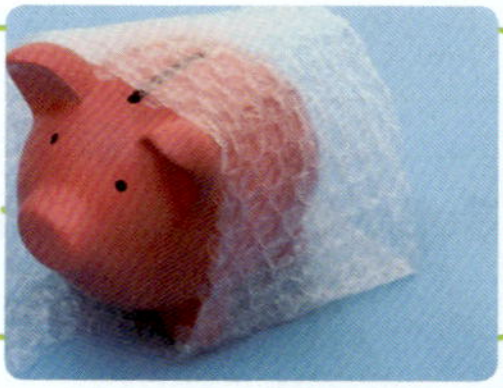

Could you gift-wrap it?

可以帮我包装成礼物吗?

Could you take off the price tag please?

能撕下价格标签吗?

You can wrap them together.

你可以把它们包在一起。

I don't need a box.

我不需要盒子。

**Can I have a separate bag for each item?**

可以分开包吗？

**Can I have that in a box?**

可以用盒子装吗？

## Tax Refund 退税

**May I have a tax-refund form, please?**

请给我一张退税单好吗？

**What can I do to get the tax refund?**

如何办理退税呢？

**How much can I get refunded?**

会退多少税呢？

## Shipping 运送

**Can I have it sent to my hotel?**

可以送到我下榻的酒店吗？

**Please send this to Taiwan .**

这东西要请你们寄到 台湾 。

**How much does it cost by ____ ?**

____ 要多少钱？

**airmail**

空运

**surface mail**

水陆路信件／普通平信邮件

155

## Important Words 重要词汇

| shopping trolley<br>购物推车 | price tag<br>价格标签 | bar code<br>条码 |
| --- | --- | --- |
|  | <br> | |

| cash register<br>收银机 | calculator<br>计算器 | chip and PIN machine<br>刷卡机 |
| --- | --- | --- |
| 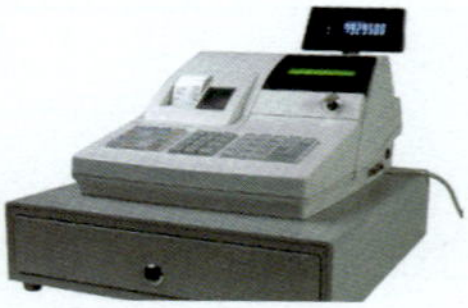 |  |  |

| bubble wrap<br>泡泡纸 | wrapping paper<br>包装纸 | gift box<br>礼盒 |
| --- | --- | --- |
|  |  |  |

| fixed price | tax refund form | tax free | receipt |
| --- | --- | --- | --- |
| 一口价 | 退税单 | 免税 | 收据／发票 |

Part 10

# Sightseeing
# 观光

## 1 Tourist Information 观光资讯

Tourist Information 观光资讯

156

**Where is the tourist information centre?**
请问旅客服务中心在哪里？

**Where can I get a free city map?**
请问哪里可以拿到免费的市区地图？

**May I have a tourist brochure?**
请问有旅游手册吗？

**What is the most famous historical spot in the city?**
请问这个城市有什么出名的历史景点？

**Are there any interesting places to see here?**
请问这里有什么好玩的地方？

**Which spots are suitable for a ______ trip?**
请问有什么地方适合 ______ 游吗？

| day | half-day |
|---|---|
| 一日 | 半日 |

157

I'm interested in ______.

我喜欢 ______。

**shopping**
逛街购物

**museums**
博物馆

**visiting spas**
做 SPA

**historic spots**
古迹

**art galleries**
美术馆

**modern attractions**
现代建筑

**water activities**
水上活动

**outdoor activities**
户外活动

**theme parks**
主题乐园

**markets**
市集

**trying local food**
品尝当地美食

## Words and Phrases 单词和短语

**city map**
市区地图

**admission**
门票

**tour guide**
导游

**souvenir shop**
纪念品商店

**tourist brochure**
旅游手册

**accommodation**
住宿

**pick-up place**
接驳地点

**sightseeing bus**
观光巴士

**audio guide**
语音导览

**Is it open today?**
今天有没有开放？

**How much is the admission?**
请问门票是多少钱？

**Could you please circle those spots on my map?**
请问你可以帮我在地图上把这些地点圈出来吗？

## On the Road 观光途中

**What is this building/place?**
这建筑／地方是什么？

**It is ______.**
这是 ______。

| | |
|---|---|
| **a church** | 一座教堂 |
| **a flea market** | 一个跳蚤市场 |
| **a restaurant** | 一家餐厅 |
| **a hotel** | 一家旅馆 |

**a museum**
一家博物馆

**an art gallery**
一家美术馆

**a park**
一个公园

**an arena**
一个体育馆

| | |
|---|---|
| **a department store** | 一家百货公司 |
| **a shopping centre** | 一个购物中心 |
| **an office building** | 一栋商业大楼 |
| **a theme park** | 一个主题乐园 |
| **a historic spot** | 一个古迹 |
| **a theatre** | 一家电影院 |

# 2 Good Places to Visit 热门景点



England 英格兰

the British Museum

大英博物馆

The Tower of London

伦敦塔

London Bridge

伦敦塔桥

Big Ben

大本钟

Dorset

多塞特海岸

TATE Modern

泰特现代美术馆

**Berkeley Castle**

伯克利城堡

**Blenheim Palace**

布莱尼姆宫

**Hadrian's Wall**

哈德良长城

**Stonehenge**

巨石阵

**The Eden Project**

伊甸园

**Gloucester Cathedral**

格洛斯特大教堂

**The Lake District National Park**

英国湖区国家公园

**Buckingham Palace**

白金汉宫

**The Houses of Parliament**

国会大厦

**Trafalgar Square**
特拉法加广场

**Hampton Court Palace**
汉普顿宫

**Cambridge University**
剑桥大学

**Westminster Abbey**
威斯敏斯特教堂

**Canterbury Cathedral**
坎特伯雷大教堂

**St. Paul's Cathedral**
圣保罗大教堂

**The London Eye**
伦敦眼

**The Victoria and Albert Museum**
维多利亚和阿尔伯特博物馆

**Windsor Castle**
温莎城堡

## Northern Ireland 北爱尔兰

**Giant's Causeway**
巨人堤道

**Carrick-a-Rede Rope Bridge**
卡里克里亚德吊桥

**Dunluce Castle**
邓路斯城堡

**Lough Erne**
厄恩湖湾

**Belfast City Hall**
贝尔法斯特市政厅

## Scotland 苏格兰

**Edinburgh Castle**
爱丁堡城堡

**Kelvingrove Art Gallery and Museum**
凯文葛罗夫艺术博物馆

**Loch Ness**
尼斯湖

**Inverlochy Castle**
因弗罗奇城堡

**The Royal Mile**
皇家一英里大道

**Loch Lomond**

罗蒙湖

**Luss**

鲁斯小镇

**St. Giles Cathedral**

圣盖尔教堂

## Wales 威尔士

**Cardiff Castle**

加的夫城堡

**The Millennium Stadium**

千禧球场

**Castell Coch**

科奇城堡

**Snowdonia National Park**

雪墩国家公园

**St David's Cathedral**

圣大卫大教堂

**Caernarfon Castle**

卡纳芬城堡

**china**
陶瓷器

**silverware**
银器

**jewellry**
珠宝；首饰

**Scotch whisky**
苏格兰威士忌酒

**Irish linen**
爱尔兰亚麻

**postcard**
明信片

**crystal ball**
水晶球

**Marmite**
马麦酱

**magnet**
磁铁

**key ring**
钥匙圈

**football scarf**
足球围巾

**Union Jack**
英国国旗／米字旗

**teddy bear**

泰迪熊

**mug**

马克杯

**kilt**

苏格兰式短裙

**London bus miniature**

伦敦巴士模型

**antique**

古董

**arts and crafts**

工艺品

**wooly hat**

毛线帽

**bric-a-brac**

小摆设

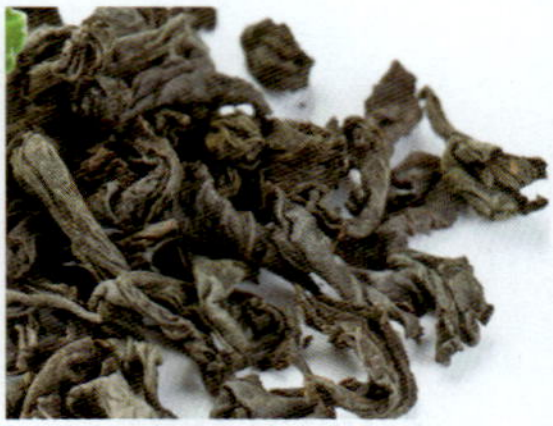

**tea**

茶叶

Part 11

# Entertainment

# 娱乐

## 1 Night Life 夜生活

166

| Do you know of any ___ I can go to? 你知道哪里有 ___ 吗？ | pubs 酒吧 |
|---|---|

| clubs | jazz clubs | karaoke bars |
|---|---|---|
| 夜店 | 爵士酒吧 | KTV |

**Which club has the most famous DJ?**
请问哪家的 DJ 最有名？

**Who is performing at the Churchill Arms tonight?**
今晚在 丘吉尔纹章酒店 有什么人表演吗？

**Do I need to book a seat?**
请问要先订位吗？

**When does the club close?**
酒吧几点打烊？

**Do they have a dress code?**
那里有没有服装规定？

**Is there an age limit?**
有年龄限制吗？

# 2 Theme Parks 主题乐园



Buying Tickets 购票

**What time does ______ open?**

______几点开？

**Chessington World of Adventures**

切斯顿冒险世界

**Southend-on-Sea**

南角乐园

(cc by quiquemendizabal)

**Alton Towers Theme Park**

奥尔顿塔主题公园

**Legoland Windsor**

温莎乐高乐园

**Thorpe Park**

索普公园

**Blackpool Pleasure Beach**

黑池欢乐海滩

**Is there a direct bus?**

有直达的公交车吗？

**Where can I buy tickets?**

请问门票在哪里买？

**How much is it per ticket?**

请问一张票多少钱？

Two ______ tickets.

两 张 ______ 票。

| adult | student | children's |
| --- | --- | --- |
| 全 | 学生 | 半 |

Does the admission include everything?

是一票玩到底吗？

Yes.

是的。

No, you have got to buy coupons or tokens for some facilities.

不是，部分设施需要另外购买游乐券或代币。

When will the parade start?

请问游行什么时候开始？

Where can I find the toilets?

哪里有洗手间？

How does this attraction/ride work?

请问这个设施怎么玩？

How long is the wait for the bumper cars?

玩碰碰车要等多久？

Are these water rides all closed for the winter?

这些水上设施冬天是不是不开放？

**Where is the ______ ?**

请问 ______ 在哪里?

**Is this the queue for the ______ ?**

请问这里是在排 ______ 的吗?

**roller coaster**

过山车

**water ride**

水上设施

(cc by Aidan-sally)

**Ferris wheel**

摩天轮

**tower**

自由落体

(cc by abbamouse)

**cable car**

缆车

**carousel**

旋转木马

**bumper car**

碰碰车

(cc by mostaque)

**swing ride**

旋转秋千

(cc by Roebot)

# 3 Museums 博物馆

来英国一定要去博物馆走走，英国的博物馆不仅文物收藏丰富、历史悠久，建筑物外观本身也极具特色。公立博物馆不收门票钱，只有特展要收取费用。

最不能错过的就是馆藏丰富的大英博物馆（British Museum）了。它是世界上最早开放的博物馆，展厅超过一百个。若你对科学感兴趣，可以前往科学博物馆（Science Museum），这里展示有从老式火车头到最新的太空科技等的各种科学发展成果。

你也可以到伦敦的自然史博物馆（Natural History Museum），欣赏恐龙的骨骼和化石标本。

## Buying Tickets 购票

**Do I need to buy a ticket?**
需要买门票吗？

**Yes.**
要。

**No, it's free.**
不用，免费。

**Some exhibits are free, but some you have got to pay for.**
部分展览免费参观，但特定展览要购票。

**Three ___ tickets.**
三张___票。

| student | adult | children's |
|---|---|---|
| 学生 | 全 | 半 |

**Can I take my bags in?**
我可以把包包带进去吗？

**Yes, you can take them in.**
您可以带进去。

**No, but the service desk can take care of them for you.**
不行，请寄放在服务台。

**May I have a floor map of the exhibition, please?**

请问有展览楼层平面图吗？

**Have you got a/an ____ -speaking tour guide?**

你们有没有讲 ____ 的导览员？

**Have you got a/an ____ brochure?**

你们有没有 ____ 的导览手册？

**Chinese**

汉语

**Japanese**

日语

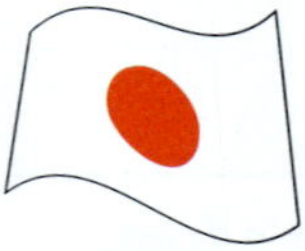

**Korean**

韩语

**French**

法语

**Spanish**

西班牙语

**Italian**

意大利语

**Are there any regulations in the museum?**

馆内有哪些规定？

**No food is allowed to be brought in.**

禁止携带食物。

**No photos or video.**

禁止拍照录像。

**Do not touch the exhibits.**

禁止触碰展品。

**No shorts or flip-flops.**

勿着短裤、拖鞋。

**No pets.**

禁带宠物入内。

## Words and Phrases 单词和短语

| painting | sculpture | photography | antique |
| --- | --- | --- | --- |
| 绘画 | 雕刻 | 摄影 | 古董 |
|  |  |  |  |

Is it an original?
请问这是真迹 / 原物吗？

Is it a replicate?
这是仿制品吗？

Whose work is it?
这是谁的作品？

Can I take photos?
可以拍照吗？

**Which way is it to the ______ ?**
请问 ______ 怎么走？

| | |
|---|---|
| restaurant | 餐厅 |
| way out | 出口 |
| service desk | 服务处 |
| toilet | 洗手间 |
| multimedia exhibition room | 多媒体展厅 |
| special exhibition room | 特展展厅 |
| permanent exhibition room | 常设展展厅 |
| café | 咖啡厅 |
| gift shop | 礼品店 |

# 4 Films, Plays and Concerts 电影／戏剧／音乐会

英国盛行大型的音乐剧和舞台剧，特别是伦敦的苏活区（Soho），可媲美纽约的百老汇。当然，既然来到英国，更不能错过大文豪莎士比亚的戏剧之作，传统的莎士比亚剧目和实验剧场都可以在英国欣赏得到。

## Before Going to a Show 欣赏表演前

**I'm interested in ＿＿.**
我想看＿＿。

**Where can I see ＿＿?**
哪里可以看＿＿？

| | | | |
|---|---|---|---|
| **cinema** 电影 | **musicals** 音乐剧 | **concerts** 音乐会 | **operas** 歌剧 |

| | | |
|---|---|---|
| **pantomime** 默剧／哑剧 | **gigs** 乐团表演 | **magic shows** 魔术秀 |
| **ballets** 芭蕾舞 | **symphonies** 交响乐 | **Shakespeare's plays** 莎士比亚的戏剧 |

**Where can I get a list of current plays?**
请问哪里有节目表？

**What's on at the Royal Albert Hall tonight?**
今晚在皇家阿尔伯特音乐厅有什么表演？

175

**What films are showing now?**
现在有哪些电影正在上映？

**How much is it per ticket?**
请问一张票多少钱？

**Which theatres are showing *Harry Potter*?**
哪些电影院正在上映《哈利·波特》？

**I want to see ______. Which theatre is it showing at?**
我想看______，哪里有在演？

| | | |
|---|---|---|
| ***Death and the Maiden***<br>《不道德的审判》 | ***Chicago***<br>《芝加哥》 | ***The Lion in Winter***<br>《冬狮》 |
| ***Miss Saigon***<br>《西贡小姐》 | ***Les Misérables***<br>《悲惨世界》 | ***The Phantom of the Opera***<br>《歌剧魅影》 |
| ***Evita***<br>《艾薇塔》 | ***Mamma Mia***<br>《妈妈咪呀》 | ***Jesus Christ Superstar***<br>《万世巨星》 |
| ***West Side Story***<br>《西区故事》 | ***The Sound of Music***<br>《音乐之声》 | ***Priscilla, Queen of the Desert***<br>《沙漠妖姬》 |

## Information 表演信息

**What are the prices?**
请问有哪些票价？

**Where can I buy a ticket?**
请问在哪里买票？

**How long does the performance last?**
表演要待续多长时间？

**What time does it begin?**
几点开始表演？

**What time does it end?**
表演几点结束？

The show starts at 7:30 . Doors open at 7:00 .

七点 开始入场，七点半 开始表演。

We begin seating at 6:30 .

六点半 开始入座。

Is there a break in the show?

中间有休息时间吗？

## Buying Tickets 购票

Do you sell *Romeo and Juliet* (name of the play) tickets here?

请问这里有没有卖《罗密欧与朱丽叶》（戏剧名称）的票？

Where would you like to sit?

请问您要坐哪一区？

May I see the seating plan?

有座位表可以看吗？

How much is it for seats ____ ?

____ 的位子要多少钱？

I'd like a seat ____ .

我想要 ____ 的位子。

| in the front rows | in the back rows | in the middle |
|---|---|---|
| 前排 | 后排 | 中间 |

| up near the centre of the stage | beside the aisle | upstairs |
|---|---|---|
| 靠近舞台的中间座位 | 走道旁 | 楼上 |

I'd like the ______ ticket.
我要 ______ 的票。

most expensive
最贵

second most expensive
第二等票价

third most expensive
第三等票价

cheapest
最便宜

I would like to have two seats next to each other.
我要 两 个连在一起的座位。

I'd like a seat that is not too far back.
我不要太后面的位子。

We only have seats for £ 20 .
目前只有 20 英镑的座位。

All the tickets for tonight have already been sold.
今晚的票都卖光了。

Is there a dress code?
有入场服装的规定吗?

Please wear formal attire.
请穿着正式服装。

No ______ .
请勿着 ______ 进场。

flip-flops
人字拖

shorts
短裤

jeans
牛仔裤

tracksuit bottoms
运动裤

Part 12

# British Culture
# 英国文化

## 1 Culture 文化

178

**Tell me about the United Kingdom.**

跟我讲讲英国的事吧。

**Tell me something about the ______ here.**

跟我说说这里的 ______ 吧。

**festivals**
节日／节庆

**history**
历史

**culture**
文化

**politics**
政治

**religion**
宗教信仰

**population**
人口

**language**
语言

**food**
食物

**singers**
歌手

**weather**
天气

**people**
人

**architecture**
建筑

**Please tell me about the United Kingdom.**

跟我讲讲英国的事吧。

**The UK is located off the northwestern coast of continental Europe.**

英国位于欧洲大陆西北海岸以外。

**How big is the UK?**

英国面积有多大？

**The total area of the UK is approximately 243,610 square kilometers.**

英国面积大约 243 610 平方公里。

**The United Kingdom consists of four parts: England, Scotland, Wales, and Northern Ireland.**

英国由四个部分组成：英格兰、苏格兰、威尔士以及北爱尔兰。

**Northern Ireland is located in the northeast of Ireland and shares a border with the Republic of Ireland.**

北爱尔兰位于爱尔兰岛的东北方，与爱尔兰共和国为邻。

**What about the climate in the UK?**

英国的气候怎么样？

**The UK has a temperate climate, with lots of rainfall all the year round.**

英国气候温和，终年多雨。

**The temperature changes with the seasons, but it seldom rises above 35 °C or drops below −10 °C.**

气温随着季节变化，但是很少高于 35℃，也很少低于零下 10℃。

**Owing to the wind from the Atlantic Ocean, the western region has wet winters.**

由于来自大西洋的风，西部的冬天潮湿。

**Most of the eastern region is sheltered from winds coming from the Atlantic Ocean and is therefore the driest area.**

东部大部分吹不到来自大西洋的风，因此是最干燥的地区。

**The southeast of England has the warmest summers, and the north has the coolest.**

英格兰东南部的夏天最温暖，北部的夏天最清凉。

**It snows in the winter and early spring.**

冬天和早春的时候会下雪。

**How many people are there in the United Kingdom?**

英国有多少人口？

**The population of the United Kingdom is over 62 million.**

英国的人口为 6200 万。

**The population is mainly made up of white people, South Asians, and black people.**

英国的人口主要由白人、南亚裔以及黑人组成。

**What's the official language of the United Kingdom?**

英国的官方语言是什么？

**The United Kingdom doesn't have a constitutionally defined official language. English is the main language and is thus the de facto official language.**

英国在宪法上并没有明确规定所谓的官方语言。英语是主要使用的语言，也因而成为英国事实上的官方语言。

**What is the most important religion in the UK?**

在英国最重要的宗教是什么？

**Christianity is the most important religion in the UK.**

基督教是英国最重要的宗教。

Traditional British food includes beef, pork, chicken, lamb, fish, and potatoes. Many other vegetables may also be served.

传统的英国食物以牛肉、猪肉、鸡肉、羊肉、鱼肉、马铃薯为主，通常会搭配其他蔬菜一起吃。

The most common and typical British foods include sandwiches, meat pies, and fish and chips. Trifle and fruit pies are common desserts.

最常见的典型英国食物包括三明治、肉派、炸鱼薯条。酒浸果酱松糕和水果派是最常见的点心。

Today a typical English breakfast may include a bowl of cereal, a slice of toast, a glass of orange juice, and a cup of coffee.

现今典型的英式早餐，可能包含了一碗谷类食物、一片烤面包、一杯柳橙汁和一杯咖啡。

The UK is a tea-drinking country. Every day people in the UK drink about 165 million cups of tea.

英国是一个爱喝茶的国家，英国人每天喝掉大约一亿六千五百万杯茶。

# 2 Chief Festivals
# 重要节庆

183

**I want to ask you which British festival is the most interesting, and what time of year is best for coming to Britain.**

我想问你，英国哪个节日最有看头，什么时候来最好？

**What holidays are observed in the United Kingdom?**

在英国有哪些节日？

**Throughout the year, British people celebrate a variety of holidays.**

一整年，英国人庆祝各式各样的假日。

| | | |
|---|---|---|
| **New Year's Day**<br>新年 | **Valentine's Day**<br>情人节 | **Easter**<br>复活节 |
| **Christmas**<br>圣诞节 | **Halloween**<br>万圣节 | **The Notting Hill Carnival**<br>诺丁山狂欢节 |

**Tell me about New Year's Day.**

跟我说说新年吧！

New Year's Day falls on January 1. The celebration begins on New Year's Eve.

新年是在一月一日，庆祝活动在前一晚开始。

**What do the people in the UK do to celebrate New Year's Day?**

英国人如何庆祝新年呢？

Most British people make New Year's resolutions.

大部分的英国人会许下新年愿望。

They give good wishes to each other for the coming year.

人们会祝福彼此来年顺心。

They hold parties and shoot off fireworks.

人们会举办派对并放烟火。

They link arms and sing a song called "Auld Lang Syne" as Big Ben strikes midnight.

当大本钟在午夜敲响的时候，人们会搭着对方的肩膀，唱一首叫做《友谊万岁》的歌。

**Tell me about Valentine's Day.**

跟我说说情人节吧！

Valentine's Day falls on February 14; the day was named after a Christian martyr.

情人节是在 2 月 14 日，此节日以一位基督教殉道者来命名。

185

What do British people do to celebrate Valentine's Day?

英国人如何庆祝情人节呢？

They send Valentine's cards.

人们会送情人节卡片。

They present flowers.

人们会送花。

They give boxes of chocolates.

人们会送巧克力。

Tell me about Easter.

跟我说说复活节吧！

Easter is a Christian holiday in March or April, when Christians remember the death of Christ and his resurrection.

复活节是一个在三月或四月的基督教节日，这个时候基督教徒纪念耶稣的逝去与复活。

What do British people do to celebrate Easter?

人们如何庆祝复活节呢？

They get together with their families.

人们和家人团聚。

They give chocolate eggs to children as gifts.

人们送巧克力蛋给孩子当礼物。

They get together on Easter Sunday for a church service.

人们会在复活节主日聚会，参加礼拜仪式。

last weekend in August

**Tell me about the Notting Hill Carnival.**

跟我说说诺丁山狂欢节吧！

**The Notting Hill Carnival takes place on the last weekend in August.**

诺丁山狂欢节是在八月的最后一个周末举行。

**What do the British do to celebrate the Notting Hill Carnival?**

英国人如何庆祝诺丁山狂欢节呢？

**They watch a spectacular parade with many floats.**

人们会观赏壮观的花车游行。

**They watch steel drum bands parading down the streets.**

人们观赏钢鼓乐队沿街游行。

**They try all sorts of food and drinks, including Caribbean specialties at the stalls that line the streets.**

人们在街边摊贩试吃各式各样的食品和饮品，其中包括加勒比海的特产。

**They watch performers and children in colorful costumes parading down the streets.**

人们观赏穿着五颜六色的表演者及孩子沿街游行。

**Tell me about Christmas.**

跟我说说圣诞节吧！

**Christmas falls on December 25; it is the day when Christians celebrate the birth of Christ.**

圣诞节是在 12 月 25 日，它是基督教徒庆祝耶稣诞生的节日。

**What do British people do to celebrate Christmas?**

英国人如何庆祝圣诞节呢？

**They send Christmas cards to relatives and friends.**

人们会送卡片给亲朋好友。

**Many British people like to put up Christmas trees.**

竖起圣诞树。

**They go caroling.**

人们会到教堂里唱圣歌。

**They put up Christmas decorations in their homes, businesses, and churches.**

人们会用圣诞节装饰品装饰家、办公室和教堂。

# 3 Other Festivals 其他节庆



**When is ______ ?**
______ 何时举行？

**Tell me about ______.**
跟我说说 ______。

**St David's Day (March 1)**
圣大卫日（3 月 1 日）

**Bonfire Night (November 5)**
篝火之夜（11 月 5 日）

**St Patrick's Day (March 17)**
圣帕特里克节（3 月 17 日）

**Good Friday**
耶稣受难节

**Pancake Day**
薄煎饼日

**Mourne International Walking Festival**
莫恩国际步行节（通常在 6 月举行）

(cc by wit)

**Oxford and Cambridge Boat Race (March/April)**
伦敦泰晤士河畔牛津与剑桥划船赛（3 月或 4 月）

## Chelsea Flower Show (May)

伦敦切尔西花展
（5 月）

## Edinburgh Festival (August)

爱丁堡艺术节
（8 月）

## London to Brighton Veteran Car Run

布赖顿老爷车赛

## Lord Mayor's Show

伦敦市长游行

## London Marathon

伦敦马拉松赛

## Boxing Day (December 26)

节礼日
（12 月 26 日，为英国银行休假日）

# Part 13 Chatting 聊天

## 1 Occupation 职业

190

| What do you do?<br>你是做什么的？ | | I'm a/an ____.<br>我是____。 | |
|---|---|---|---|
| student<br>学生 | secretary<br>秘书 | nurse<br>护士 | teacher<br>老师 |
| writer<br>作家 | editor<br>编辑 | engineer<br>工程师 | shop assistant<br>店员 |
| accountant<br>会计 | journalist<br>记者 | lawyer<br>律师 | housewife<br>家庭主妇 |
| salesperson<br>销售人员 | bank teller<br>银行出纳员 | designer<br>设计师 | architect<br>建筑师 |

191

| chef | veterinary surgeon | doctor | hairdresser |
| --- | --- | --- | --- |
| 厨师 | 兽医 | 医生 | 发型师 |
|  |  |  |  |

| computer programmer | computer technician | estate agent |
| --- | --- | --- |
| 计算机程序员 | 电脑技术员 | 房地产经纪人 |
|  |  |  |

I work for Cosmos .
我在 Cosmos 公司工作。

I own a shop.
我自己开店。

I'm still looking for a job.
我还在找工作。

I came here for a meeting.
我是来这里开会的。

What are you working on now?
你最近在做什么案子?

How's the project going?
这个案子进行得如何?

Quite well.
很顺利。

We are having some trouble.
遇到一些问题。

# 2 Hobbies 兴趣

| What is your favourite pastime? | I love ______. |
|---|---|
| 你最喜欢什么休闲活动？ | 我喜欢______。 |

| watching films | watching TV | travelling |
|---|---|---|
| 看电影 | 看电视 | 旅游 |

| surfing the Internet | reading | exercising |
|---|---|---|
| 上网 | 阅读 | 运动 |

listening to music
听音乐

fishing
钓鱼

mountain climbing
爬山

playing video games
玩电动游戏

playing computer games
玩电脑游戏

playing cards
玩扑克牌

**baking**

烘焙

**playing the piano**

弹钢琴

**cooking**

烹饪

**gardening**

园艺

**shopping**

购物

**photography**

摄影

**dancing**

跳舞

**singing**

唱歌

**gossiping**

聊八卦

**painting**

画画

**camping**

露营

**reading comic books**

看漫画

# 3 Sports 运动

Do you play ______ ?

你打 ______ 吗？

I love to watch ______ .

我喜欢看 ______ 。

I love to play ______ .

我喜欢打 ______ 。

**tennis**

网球

**volleyball**

排球

**rounders**

英式棒球

**netball**

女子英式无板篮球

**football**

足球

**rugby**

橄榄球

**golf**

高尔夫球

- football 在英国是指足球，即美语中的“soccer”。

| hockey | table tennis | snooker |
|---|---|---|
| 曲棍球 | 乒乓球 | 斯诺克台球 |
|  |  |  |

| I love to go ____. | Do you like to go ____? |
|---|---|
| 我喜欢 ____。 | 你喜欢 ____ 吗？ |

| bowling | cycling | snorkeling |
|---|---|---|
| 打保龄球 | 骑自行车 | 浮潜 |
|  |  |  |
| skating | jogging | skiing |
| 溜冰 | 慢跑 | 滑雪 |
|  |  |  |
| snowboarding | surfing | swimming |
| 滑雪板 | 冲浪 | 游泳 |
|  |  |  |

What swimming stroke do you do?

你会哪种泳姿？

Butterfly stroke.

蝶式。

Freestyle.

自由式。

Breast stroke.

蛙式。

Backstroke.

仰式。

How about playing golf someday?

哪天一起打 高尔夫 好吗？

cricket

板球

squash

壁球

badminton

羽毛球

## At a Gym 在健身房

What muscle groups are you planning to work on today?

你今天要锻炼哪些肌肉？

How often do you work out?

你多久健身一次？

I work out at least three times a week.

我一星期至少健身 三 次。

What kind of workout programme is best for me?

哪一种健身计划最适合我？

| Let's ____ . | I'm going to ____ . |
| --- | --- |
| 我们来 ____ 吧。 | 我要 ____ 。 |

| do some sit-ups | lift weights | go running |
| --- | --- | --- |
| 做仰卧起坐 | 练举重 | 跑步 |

## Words and Phrases 单词和短语

| badminton court | golf course | beach volleyball |
| --- | --- | --- |
| 羽毛球场 | 高尔夫球场 | 沙滩排球 |
|  |  |  |

| football pitch | gym | stadium | sprint |
| --- | --- | --- | --- |
| 足球场 | 体育馆 | 运动场 | 短跑 |

| marathon | taekwondo | athletics | long jump |
| --- | --- | --- | --- |
| 马拉松 | 跆拳道 | 田径运动 | 跳远 |

| boxing | wrestling | diving | judo |
| --- | --- | --- | --- |
| 拳击 | 摔跤 | 潜水；跳水 | 柔道 |

- 足球是英格兰和苏格兰国家级的运动，许多英国人都非常热衷于这项运动。英格兰超级联赛（Premier League）被认为是世界上最好的联赛，其中曼联（Manchester United Football Club）、利物浦（Liverpool Football Club）等都是世界知名的足球队。板球、高尔夫、网球、羽毛球和壁球，也都是英国非常盛行的运动。

What sports events are there this week?
这礼拜有什么体育赛事？

Are there any professional football games this week?
这个星期有没有职业足球赛？

There is a football game tonight. Does anyone want to watch?
今晚有 足球赛 ，谁想去看？

Where can I get tickets for today's match?
今天的球赛门票要去哪买？

Where should I pick up the tickets that I booked earlier?
我要到哪里去取我订的票？

At about what time will the game finish?
比赛大约何时结束？

Do they sell souvenirs at the stadium?
球场商店卖纪念品吗？

Who is ahead?
哪一队领先？

What is the score?
现在比分是多少？

Who is winning?
哪队要赢了？

# 4 Invitations 邀请



| | |
|---|---|
| **Would you like to have ____ with me?**<br>可以与我共进 ____ 吗？ | **lunch**<br>午餐 |
| **Would you like to come over for ____?**<br>过来吃 ____ 吧？ | **dinner**<br>晚餐 |

**Let's get together this/next ____ night.**
我们 ____ 晚上聚聚吧。

**Have you got any plans for this/next ____ night?**
____ 晚上你要做什么？

**We'll have a party this/next ____. Can you come over?**
我们这个／下个 ____ 要办派对，你能来吗？

| Monday | Tuesday | Wednesday | Thursday | Friday | Saturday | Sunday |
|---|---|---|---|---|---|---|
| 星期一 | 星期二 | 星期三 | 星期四 | 星期五 | 星期六 | 星期日 |

**Will you be free tomorrow?**
你明天有空吗？

**Would you like to dance?**
要不要和我一起跳舞？

**Let me buy you a drink.**
我请你喝一杯吧。

**Why don't you come and join us?**
一起加入我们吧。

How about some coffee later?

等一下去喝杯咖啡怎样？

Let's go to my place for some beer.

去我家喝杯啤酒吧。

Would you go out with me?

你能和我约会吗？

Come by anytime.

随时欢迎你来。

That sounds nice! When and where?

好像很棒！几点？哪里？

I'm sorry. I have other plans.

抱歉，我有其他安排了。

I'd love to.

我很乐意。

I'll be there.

我会去的。

Sure, count me in.

当然，算我一个。

I have no plans so far.

到目前为止，我没计划。

Some other time.

改天吧！

I'll pass this time.

今天不行。

# 5 Keeping in Touch 保持联络

201

| Can you give me your ____? | Here's my ____. |
| --- | --- |
| 可以给我你的 ____ 吗？ | 这是我的 ____。 |

| telephone number | email address | address |
| --- | --- | --- |
| 电话号码 | 电子信箱 | 地址 |

How long will you be staying in London?

你会在 伦敦 待多久？

| It was a pleasure meeting you. | Looking forward to seeing you again. |
| --- | --- |
| 很高兴认识你。 | 希望再见到你。 |

Please contact me if you come to Beijing.

如果你来 北京，可以找我。

Part 14

# Daily Life
# 日常生活

## 1 At the Post Office
## 在邮局

202

**Where is the nearest post office?**
最近的邮局在哪里？

**What are the post office's business hours?**
请问邮局是几点开到几点？

**Which window sells stamps?**
买邮票要到哪一个窗口？

**Where can I find a post box?**
哪里有邮筒？

**Which counter should I go to to send a parcel?**
寄包裹要到哪一个柜台？

**Where can I get some ______?**
哪里可以买到______？

**stamps**
邮票

**envelopes**
信封

**postcards**
明信片

A fifty-pence stamp, please.

请给我一张 50 便士 的邮票。

Have you got other stamp patterns?

有别的图案的邮票吗？

I would like three stamps for international postcards.

我要 三 张国际明信片的邮票。

I would like to send this to New York, please.

你好，我要寄这个到 纽约 。

I would like to send the letter by ______.

这封信要寄 ______。

| airmail | express mail | surface mail | registered mail |
|---|---|---|---|
| 航空邮件 | 快递 | 水陆路信件 / 普通平信邮件 | 挂号信 |

How long would it take to send the letter to Beijing by surface mail?

寄普通平信到 北京 要多久？

## 英国邮局

英国的邮筒是红色的。在英国，银行、邮局、洗手间等依照顺序排列等待时，都是排成一列（queue），轮到自己时再往空着的地方前进。若要确定自己是否排在行列之中，可询问 “Are you in the queue?” （在排队吗？）

在英国寄明信片到欧洲各国是 60 便士，到欧洲以外国家是 67 便士。

This is printed matter.
这个要以印刷品寄。

Please put the parcel on the scale.
请将包裹放在秤上。

Is it too heavy?
超重吗？

What is inside the parcel?
这个包裹里面是什么？

Is there anything fragile inside?
里面有易碎品吗？

Please write down the value of the contents.
请写下托寄物的价值。

What's the fastest way to send this?
用何种方式会最快寄达？

How much is the postage for registered mail?
寄挂号要多少钱？

How much is the postage?
邮费是多少？

I'd like to insure this parcel.
我想为这件包裹保价。

Please fill out this form.
请填写这张表格。

What is the maximum coverage?
最高赔偿金是多少？

## 2 At the Laundrette
## 在洗衣店

205

Where is the nearest laundrette?
最近的洗衣店在哪里？

How much do you charge for each item?
每件衣物送洗费用多少？

These items of clothing need to be dry-cleaned.
这些衣服要干洗。

Could you try to remove the stain on the blouse?
可以去掉衬衫上的污渍吗？

This piece of clothing cannot be put in the dryer.
这件衣服不可以烘干。

Could you have it ready by ten this morning?
上午 10 点 前可以洗好吗？

When will my clothes be ready?
衣服什么时候会好？

Have you finished my laundry?
请问我送洗的衣服好了吗？

We charge an extra £ 5 for urgent cases.
急件要加收 5 英镑。

One piece of clothing is missing. Could you look for it?
少了一件，能查一下吗？

(cc by Christopher Hilton)

# 3 At the Hair Salon 在美发沙龙

**Where is the nearest hair salon?**

最近的美发沙龙在哪里？

**I'd like to make an appointment at two this afternoon.**

我想要预约今天下午两点。

**I would like to have a haircut.**

我想要剪发。

**Could you dry my hair?**

请把我的头发吹干。

**Please rinse my hair.**

请帮我洗发。

**Give me a shave, please.**

请帮我刮胡子。

**How about some hair spray?**

要喷一点定型发胶吗？

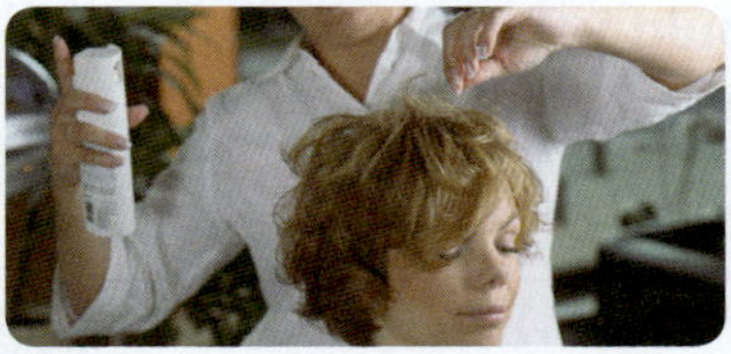

**Please put some hair care cream on my hair.**

请帮我抹些护发素。

**Where do you part your hair? Middle, right, or left?**

头发怎么分？中分、右分、左分？

| | |
|---|---|
| **How would you like it cut?**<br>你想要怎么剪？ | **I want a layered cut.**<br>我想剪层次。 |
| **I want it to be shoulder-length.**<br>我想剪到齐肩。 | **I want to keep the same hairstyle.**<br>我要保持原来的发型。 |
| **Just thin it a bit.**<br>打薄就好。 | **I want to shave my head.**<br>我要剃光头。 |
| **Just a trim, please.**<br>请稍微修剪一下。 | **Not too much off.**<br>不要剪太多。 |
| **Don't touch the sideburns.**<br>两边的鬓角不要剪。 | **Just trim the sides, please.**<br>就修剪一下两边。 |

| | |
|---|---|
| **Could you finish it in two hours?**<br>两个小时弄得完吗？ | **We're all finished now, sir/madam.**<br>先生／小姐，弄好了。 |

(cc by Betty Longbottom)

# 4 Fixing Items
# 修理物品

Where can I get my ____ repaired?

我要去哪里修我的 ____？

**tablet computer**
平板电脑

**oven**
烤箱

**glasses**
眼镜

**laptop**
笔记本电脑

**shoes**
鞋子

**bike**
自行车

**mobile phone**
手机

**camera**
相机

**watch**
手表

**How much is it to have this fixed?**

修理这个要多少钱？

**How long will it take to fix it?**

多久能修好？

**Please give me a call after you fix it.**

修理好之后，请打电话通知我。

**This was damaged beyond repair.**

这个损坏严重，没办法修了。

**It's almost seven years old. It isn't worth having it repaired.**

这东西差不多 七 年了，不值得送修了。

## 使用电器注意事项

1. 英国的电压为 230V，50HZ，插座为方头三脚扁形插座。国内带过去的电器完全可以使用（国内电压标明 220V，实际上是经常波动的，230V 是允许值），不需要另外准备变压器，只需准备带英标扁形插脚的转换插头即可。
2. 除了伏特之外，还要注意电器本身的瓦数是否符合，充电器黑色的插头座上有标示，如果瓦数不符合，电器也有可能会烧掉。
3. 另外，英国的插座上有保险开关，你要按到 on 的地方才能通电，off 为不通电。
4. 英国的电器类物品的价格通常比中国贵，所以笔记本电脑、相机等电器用品还是从国内带过去比较好。

Part 15

# Having Trouble
# 遇上麻烦

## 1 Accidents 意外

210

### Car Accidents 车祸

**I had a traffic accident.**
我出车祸了。

**It wasn't my fault.**
那不是我的过失。

**Could you take me to a hospital?**
能请你带我去医院吗？

**Please call an ambulance for me.**
请帮我叫救护车。

**The car hit my car from behind.**
这辆车从后面撞我的车。

**The other car suddenly changed lanes.**
对方突然变换车道。

**I'd like to call the rent-a-car office.**
我要联络汽车出租公司。

**Please give me a copy of the accident report.**
请给我份事故证明书。

车祸发生时不要慌张，先处理伤患，并联络警察和救护车，必要时打给保险公司和汽车出租公司。英国的紧急救援电话是999。

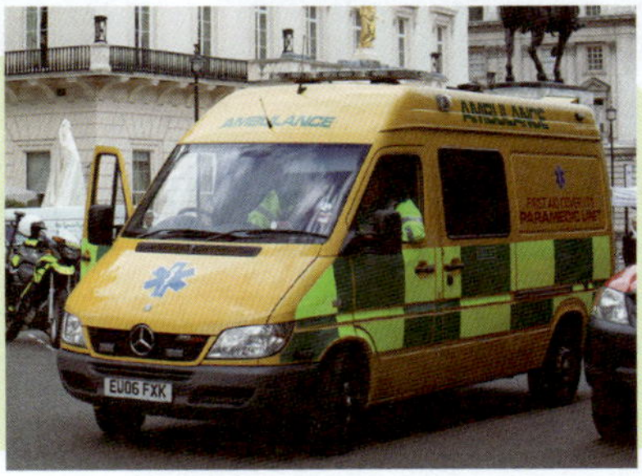

## Emergencies 紧急情况

Help!
救命啊！

Fire!
失火了！

Watch out!
小心！

Stop him!
抓住他！

It's an emergency!
这是紧急状况！

Thief!
抢劫啊！

A pickpocket!
有扒手！

Someone's been injured!
有人受伤了！

There has been an accident!
发生事故了！

Call 999!
快打 999 ！

Call an ambulance!
快叫救护车！

Call the police!
快报警！

Press the emergency button!
快按下紧急按钮！

## Words and Phrases 单词和短语

**police**
警察

**ambulance**
救护车

**fire brigade**
消防队

**emergency room**
急诊室

**hospital**
医院

- 在英国，若要呼叫警察、消防队、救护车，就拨“999”（免付费电话）。

## Reporting a Robbery/Theft 报警

**Where is the nearest police station?**
请问最近的警察局在哪里？

**I'd like to report a theft.**
我要报失窃案。

**Someone grabbed my bag and ran away!**
有人抢了我的包包逃走了！

**Please complete this incident report.**
请填写这张抢劫报案单。

**What was stolen?**
什么东西被偷了？

**I have lost my ____.**
我的 ____ 丢了。

| | | | |
|---|---|---|---|
| **passport** 护照 | **hand bag** 钱包 | **mobile phone** 手机 | **keys** 钥匙 |
| **bag** 包包 | **money** 钱 | **DV camera** DV 摄像机 | **debit cards** 金融卡 |
| **traveller's cheques** 旅行支票 | **credit cards** 信用卡 | **digital camera** 数码相机 | |

在英国旅游期间，倘若遭遇车祸、抢劫等危及生命安全情况，请先拨打英国警方 999 紧急专线求救，无须投币便可用公共电话拨打。也可联系中国驻英使领馆。中国驻英国大使馆：020-76311430（工作时间领事咨询电话）、07551436721（非工作时间紧急领事协助）。

在酒店遇到特殊情况时，通过酒店与警察联系。

**Where did this happen?**
在哪里发生的？

**Do you know how tall he/she is?**
你知道嫌疑犯多高吗？

**Can you remember what clothes he/she was wearing?**
你记得嫌疑犯穿什么衣服吗？

**What did the robber look like?**
抢劫的人长什么样子？

**He/She ____.**
他／她 ____。

| was tall | was short | had a beard |
| --- | --- | --- |
| 高高的 | 矮矮的 | 留有胡子 |

| had long hair | had short hair | had curly hair |
| --- | --- | --- |
| 是长头发的 | 是短头发的 | 是卷发 |

| was quite thin | was wearing jeans |
| --- | --- |
| 瘦瘦的 | 穿牛仔裤 |

| was wearing a black jacket | was wearing a white jumper |
| --- | --- |
| 穿 黑 色的外套 | 穿 白 色的毛衣 |

万一财物被偷，要申请理赔，可前往警察局要求开具失窃证明（report of the theft），说明事发的地点和经过。

# 2 Lost Property 遗失物品

## Looking for a Missing Item 寻找失物

**Did you happen to see a mobile phone here? I've lost mine.**
请问你有没有在这里看到一部手机？我丢了手机。

**I left my bag in the taxi. What can I do?**
我把包包忘在出租车上了，怎么办？

**I think I left my wallet in your shop.**
我的钱包好像放在你们的店里，忘记拿走了。

**Can you help me find it?**
请问可以帮我找找看吗？

**Could you please describe your lost item?**
可以形容一下失物的外观吗？

**I suggest that you report your loss to the police.**
那我建议您向警方报案。

**Please contact me at this number if you find it.**
找到了请打这个电话给我。

## Reissuing a Passport 补办护照

**Where can I go to have my passport reissued?**

要去哪里补办护照？

**How can I get in touch with the Embassy of the People's Republic of China in the U.K.?**

怎么样可以联络到中国驻英国大使馆？

- 若护照丢了，要先前往附近的警察局报案，取得报案证明书（police report），再前往中国驻英国大使馆申请护照补发或入国证明书。
  中国驻英国大使馆的地址是：49-51Portland Place, London WIB IJL
  联络电话为：0044-20-72994049，0797 0292561（24 小时）

## Reporting a Lost Credit Card 挂失信用卡

**I want to report a lost credit card.**

我要挂失信用卡。

- 信用卡海外挂失电话：

| | |
|---|---|
| VISA | 0800-169-5189 |
| MasterCard | 0800-964-767 |
| 美国运通 | 0800-578-6023 |

**Could you cancel my card, please?**

我要将信用卡作废。

**Can I get a replacement card for now?**

可以申请一张临时卡吗？

**I'd like to get a new card.**

我要申请新的信用卡。

## Reissuing Traveller's Cheques 补发旅行支票

**I've lost my traveller's cheques. May I have them reissued?**

请问，我丢了旅行支票，可以申请补发吗？

**Have you got the ticket number with you?**

你有票号吗？

**Here is the purchase receipt.**

这是我的购票收据。

### 补办遗失物品

**1 遗失护照**

先到警察局办理失窃证明（Report of Theft）或是遗失证明（Report of Loss），这样就不用担心有人冒用。之后，再凭证明文件至本国驻外使领馆补办护照。如果出发前准备好护照复印件，就可以省去多项手续。

**2 遗失旅行支票**

旅行支票的购票证明最好与正本分开存放，并记下支票号码。如果有购票证明或支票号码，到银行可直接申请补发，甚至只需要一个电话即可完成手续，并在短时间内取得补发的支票。

**3 遗失信用卡**

为避免信用卡遭盗刷，最好能立即通知发卡银行，要求停卡或是挂失。某些发卡银行甚至可以在短时间内补发新卡，并送至你手上。

**4 遗失机票**

须立即通知航空公司，告知航班时间等资料。很少航空公司能立即补发临时机票，大多会要求旅客先买另一张机票，并将原机票作废，日后再退还原机票的款项。

# 3 At the Hospital 医院看病

217

在国外看医生，基本上要自付诊疗费用。若有投保旅游平安险，回国后可以申请理赔。要记得向医院申请诊断证明书（medical report）和收据（receipt）。若医院有和保险公司合作，也可以代付费用。

## Going to a Doctor 看医生

**Where is the nearest ______?**
最近的______在哪里？

- **hospital** 医院
- **chemist's** 药店
- **dentist** 牙科
- **clinic** 诊所

**I want to register.**
我要挂号。

**I don't have an appointment, but it's urgent.**
我没有预约，但我很急。

**I feel ______.**
我觉得______。

- **feverish** 发烧了
- **ill** 不舒服
- **faint** 头昏
- **weak** 浑身无力
- **choked up** 窒息；噎到
- **a pain in my chest** 胸口痛
- **itchy all over my body** 全身发痒
- **like being sick** 想吐
- **dizzy** 头晕

I have ______.

我 ______。

a stomachache
胃痛

an upset stomach
胃不舒服

a heavy stomach
消化不良

a stuffy nose
鼻塞

a toothache
牙痛

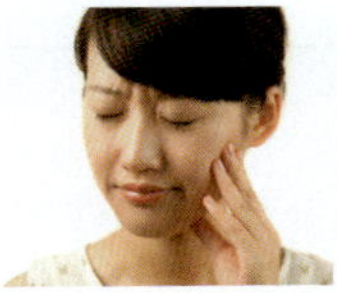

a fever
发烧了

a runny nose
流鼻水

a headache
头痛

a migraine
偏头痛

a backache
背痛

a sore throat
喉咙痛

heart trouble
有心脏问题

asthma
会气喘

constipation
便秘

diarrhea
拉肚子

the flu
感冒了

menstrual pain
痛经

a food allergy
食物过敏

low blood pressure
血压很低

high blood pressure
血压很高

difficulty breathing
呼吸困难

| | |
|---|---|
| **I can't stop sneezing.**<br>我不停打喷嚏。 | **I keep coughing.**<br>我不停咳嗽。 |
| **I don't have any appetite.**<br>我没有胃口。 | **I've had it for three days.**<br>这个症状已经 三 天了。 |
| **I have been suffering a continuous high temperature.**<br>我一直高烧不退。 | **I think I twisted my ankle.**<br>我的脚好像扭伤了。 |

## Body Parts 身体部位

**eye**
眼睛

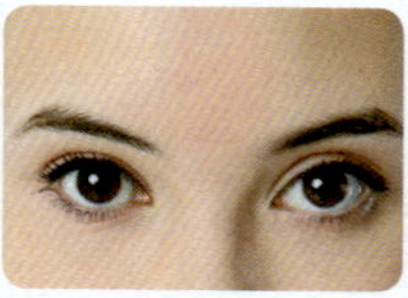

**ear**
耳朵

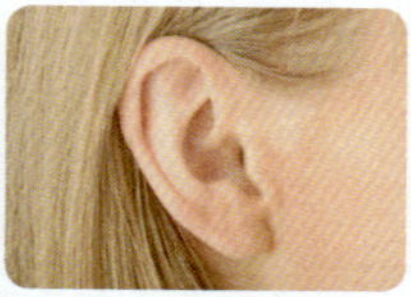

**mouth**
嘴

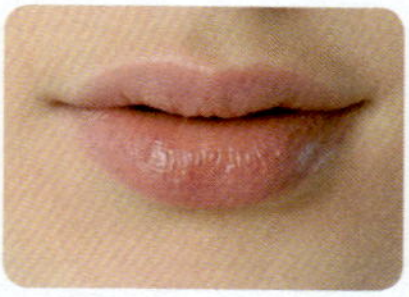

**nose**
鼻子

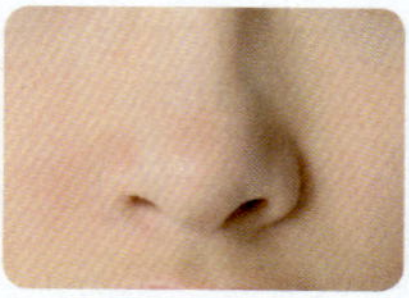

**tooth/teeth**
牙齿

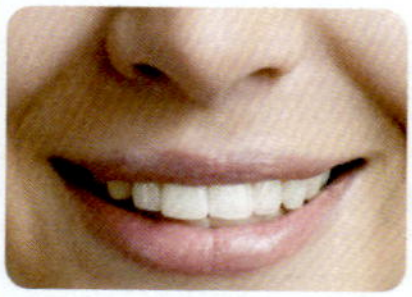

**chin**
下巴

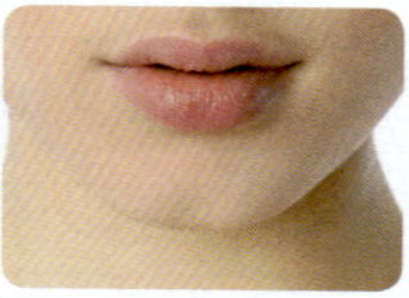

**elbow**
手肘

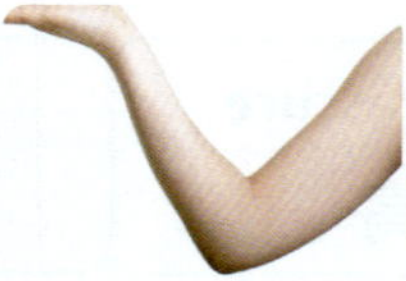

**finger**
手指

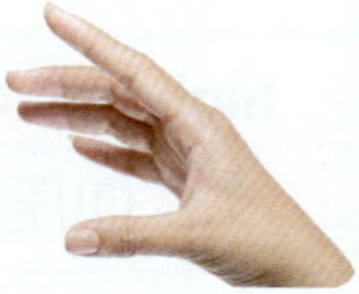

chest 胸

head 头

tongue 舌头

throat 喉咙

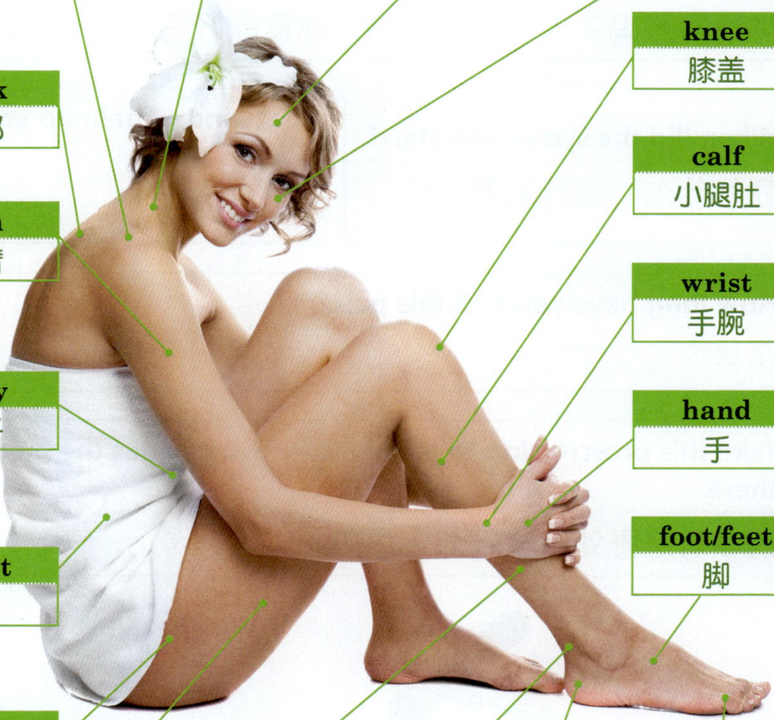

shoulder 肩膀

neck 脖子

forehead 额头

cheek 脸颊

back 背部

arm 手臂

belly 肚子

waist 腰

hip 臀部

knee 膝盖

calf 小腿肚

wrist 手腕

hand 手

foot/feet 脚

thigh 大腿

leg 腿

ankle 脚踝

heel 脚跟

toe 脚趾

| Let's take your ____. 我量一下你的 ____。 | blood pressure 血压 | temperature 体温 | pulse 脉搏 |
| --- | --- | --- | --- |

I will need you to do stool and urine tests.
你要做粪便和尿液检验。

Have you eaten anything out of the ordinary lately?
最近吃什么特别的了吗？

Have you been sleeping well?
你睡得好吗？

Have you got an appetite?
你食欲好吗？

When did the symptoms start?
症状什么时候开始的？

What kind of pain do you have?
怎么个疼法？

How long have you had this pain?
这样疼多久了？

Take this prescription to a chemist's. You can get the medicine there.
请拿着这张处方笺到药店拿药。

| | |
|---|---|
| Have you got any special illnesses?<br>你有什么特殊疾病吗？ | I'm taking Adalat (name of medicine).<br>我正在服用 拜新同 （药名）。 |

| | |
|---|---|
| I'm pregnant.<br>我怀孕了。 | I have diabetes.<br>我有糖尿病。 |
| I have high blood pressure.<br>我有高血压。 | I have heart disease.<br>我有心脏病。 |
| I have hemophilia.<br>我有血友病。 | I have hepatitis.<br>我有肝炎。 |
| I have anemia.<br>我贫血。 | I have asthma.<br>我有气喘。 |

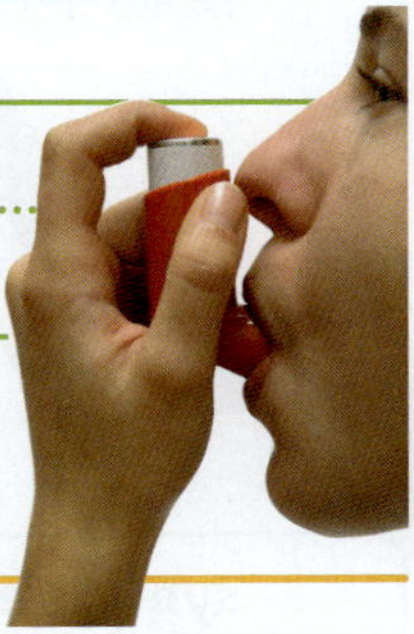

| | | |
|---|---|---|
| Are you allergic to any drugs?<br>有没有对药物过敏？ | I'm allergic to antibiotics .<br>我对 抗生素 过敏。 | I don't have any allergies.<br>我不会过敏。 |

| My blood type is ____. 我的血型是 ____。 | O+ O型Rh阳性 | O- O型Rh阴性 |
|---|---|---|

| | | |
|---|---|---|
| A+ | A- | B+ |
| A型Rh阳性 | A型Rh阴性 | B型Rh阳性 |
| B- | AB+ | AB- |
| B型Rh阴性 | AB型Rh阳性 | AB型Rh阴性 |

## Words and Phrases 单词和短语

| | | |
|---|---|---|
| food poisoning | medical report | prescription |
| 食物中毒 | 诊断证明 | 处方笺 |

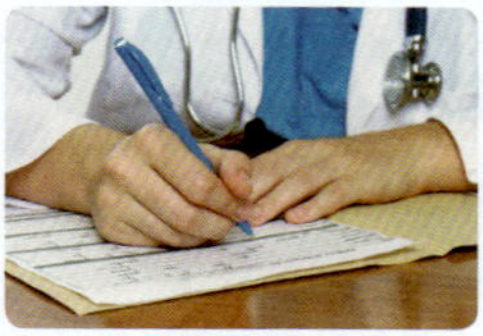

| | | |
|---|---|---|
| symptom | antibiotics | painkiller |
| 症状 | 抗生素 | 止痛药 |

| | | | |
|---|---|---|---|
| injection | fracture | hurt | vitamin |
| 打针 | 骨折 | 痛 | 维生素 |

# 4 At the Chemist's 药房买药

在看完医生后，要带着处方笺到药店买药，英国的药店称为 chemist's。

欧美国家彻底实施医药分离，若没有处方笺，便无法买到医师开的药，但可以买到维生素、阿司匹林或是便秘药。

**I want medicine for ____.**
我需要 ____ 药。

| | |
|---|---|
| a headache | 头痛 |
| a toothache | 牙痛 |
| a stomachache | 胃痛 |
| menstrual pain | 生理痛 |
| constipation | 便秘 |
| asthma | 气喘 |
| a fever | 发烧 |
| diarrhea | 拉肚子 |
| a cold | 感冒 |

**Here is my prescription.**
这是我的处方笺。

**Does it have any side effects?**
这个药有副作用吗？

**You need a prescription to buy this.**
有处方笺才能买这种药。

**I need something to help me sleep.**
我要一些帮助睡眠的药。

**I am looking for medicine for children.**
我要找儿童可以服用的药。

| How do I take this? | Please take it ____. |
|---|---|
| 要如何服用呢？ | 这药是 ____。 |

| twice a day | three times a day | four times a day |
|---|---|---|
| 一天两次 | 一天三次 | 一天四次 |

| before meals | after meals | with meals |
|---|---|---|
| 饭前服用 | 饭后服用 | 和饭一起吃 |

| every six hours | once a day, before you go to bed |
|---|---|
| 每 六 小时服用一次 | 一天一次，睡前服用 |

| when you have a fever | when you have diarrhea |
|---|---|
| 发烧就吃 | 拉肚子就吃 |

| when you have pain | if the symptoms get worse |
|---|---|
| 觉得痛就吃 | 症状变严重才吃 |

# English-Chinese Index for Tourism Vocabulary

# 旅游词汇索引（英汉对照）

## D

## E



## F

## I



## J



## K

## L

## M



## N

## Q



## R

## S

## T

## U



## V



## W

## Y



## Z

**畅游世界手指通**

# 英国旅游手指通（中英版）


编　　著　寂天语言创作室
策　　划　李红丽　陈卫伟
责任编辑　李红丽　陈卫伟

**图书在版编目（CIP）数据**

英国旅游手指通 ： 汉英对照 / 寂天语言创作室编著. -- 北京 : 旅游教育出版社，2015.12
ISBN 978-7-5637-3286-9

I. ①英… II. ①寂… III. ①旅游指南—英国—汉、英 IV. ①K956.19

中国版本图书馆CIP数据核字（2015）第268104号





| | |
|---|---|
| 出版单位 | 旅游教育出版社 |
| 地　　址 | 北京市朝阳区定福庄南里 1 号 |
| 邮　　编 | 100024 |
| 发行电话 | （010）65778403　65728372　65767462（传真） |
| 本社网址 | www.tepcb.com |
| E - mail | tepfx@163.com |
| 排版单位 | 北京旅教文化传播有限公司 |
| 印刷单位 | 北京柏力行彩印有限公司 |
| 经销单位 | 新华书店 |
| 开　　本 | 880毫米 × 1230毫米　1/32 |
| 印　　张 | 8.75 |
| 字　　数 | 105 千字 |
| 版　　次 | 2016 年 1 月第 1 版 |
| 印　　次 | 2016 年 1 月第 1 次印刷 |
| 定　　价 | 39.80 元（含光盘） |

（图书如有装订差错请与发行部联系）